An Elementary Course in Scientific Chinese

基础科技汉语教程

Listening and Speaking (Vol. I)

听说课本（上）

杜厚文　编著

华语教学出版社
SINOLINGUA

First Edition 2012

ISBN 978-7-5138-0089-1
Copyright 2012 by Sinolingua
Published by Sinolingua
24 Baiwanzhuang Road, Beijing 100037, China
Tel: (86)10-68320585, 68997826
Fax: (86)10-68997826, 68326333
http://www.sinolingua.com.cn
E-mail: hyjx@sinolingua.com.cn
Printed by Beijing Songyuan Printing Co., Ltd.

Printed in the People's Republic of China

前　言

　　《基础科技汉语教程》是专门为来华学习理工专业的外国留学生编写的科技汉语基础教材，一共5册，包括《听说课本》(上、下)，《阅读课本》(上、下)和《听力课本》。这套书也可以供外国人教授和自学科技汉语使用。

　　《听说课本》着重讲解科技汉语中常用的词语和语法结构，以及常用的功能－意念项目及其表达法。在课堂教学中，要突出听说训练，培养、提高学生口头表达科技语言的能力。

　　《阅读课本》着重培养、训练学生的阅读理解能力，提高阅读速度。

　　《听力课本》着重训练、提高学生的听力理解能力。

　　《基础科技汉语教程》总生词量约为3900多个，常用语法点为136条，功能－意念项目为20项。

　　在教学中，设置听说课、阅读课和听力课三种课程。听说课、阅读课和听力课分工明确，但又是密切配合的。听说课是主线，在教学中先行，阅读课和听力课分别与之相配合。

　　这套书具有如下特点：1. 注重实用性和针对性，选取现代科学技术领域内的语言材料作为教学内容，以满足学习理工专业的外国留学生的实际语言需要。2. 通过听说、阅读和听力等课本，对听、说、读、写四种语言技能分别进行专项训练，全面提高学生运用汉语进行实际交际的能力。3. 围绕科技文章中常用的普通词、通用的科技基础词和常用的词语结构、句式来选编语言材料，突出科技汉语概念准确、结构严谨、论理清楚及层次分明等语体特点。4. 力求将语言使用的情境与语言的结构以及语言的交际功能有机地结合在一起来组织语言材料。

　　《基础科技汉语教程》与《普通汉语教程》相衔接和配合，先学习《普通汉语教程》，再学习《基础科技汉语教程》。教学实践说明：学完这两套教材，可以有效地让学生在短期内掌握在中国生活、社会交际和学习理工专业所必需的最基本的语言知识和交际能力，打下良好的普通汉语基础和科技汉语基础。

　　在编写这套教材时，笔者吸收了历年来汉语教材编写的成果和经验，参考和采用了若干科普书籍的材料，在此向原作者表示衷心的谢意。由于部分原作者未能及时找到，所以敬请原作者见到本书后，尽快与我们联系。联系人杜厚文，邮箱：duhouwen@yahoo.com.cn。

　　欢迎使用本教材的教师和学习者提出宝贵的意见，以便我们对这套教材进行修订和完善。

编　者

Preface

An Elementary Course in Scientific Chinese, a series consisting of five books, *Listening and Speaking* (volumes I and II), *Reading Comprehension* (volumes I and II) and *Listening Comprehension*, has been tailored for foreign students coming to China to study in the various fields within science and technology. This series can also be used by non-native Chinese speakers for teaching or self-study.

Listening and Speaking focuses on the common phrases, grammar structures, common functional-notional items and their expressions in the areas of science and technology. Through focused training in listening and speaking, the students will gradually build up their abilities to communicate effectively.

Reading Comprehension aims to improve students' reading comprehension and increase their reading speed.

Listening Comprehension focuses on improving students' listening comprehension abilities.

The whole series has a vocabulary of over 3,900 words, 136 commonly used grammar items and 20 functional-notional items.

The complete course includes instruction in three categories — listening and speaking, reading comprehension and listening comprehension. Listening and speaking is the major course and therefore should be employed a bit earlier than the reading comprehension and listening comprehension parts which act as closely related supplements.

The series has the following characteristics:
1. Focuses on practicality and pertinence. The content of this course is selected from modern scientific language in order to meet the actual studying needs of foreign students who major in science and engineering.

2. Through the three course books, language skills, including listening, speaking, reading and writing, will be practised separately and the actual communicative abilities can be totally improved.
3. The features of scientific Chinese have been captured through precise concepts, logical statements, and clear organization. The language materials are arranged by using commonly used scientific vocabularies, lexical structure and sentences.
4. We have attempted to combine and utilize structural, situational and functional approaches in compiling the language materials.

An Elementary Course in Scientific Chinese forms a set with *Introductory Chinese*, which can be learnt in advance. After studying the two series, students can acquire the basics of language and communicative abilities to live, socialize and learn science and engineering in China and will be amply prepared to further improve their Chinese.

While compiling this series, the compiler has utilized the achievements and experiences in related fields over the past years, and has also referred to and adopted relevant materials by authors of popular science books. We hereby extend our acknowledgement to all of them. It is regrettable that we have lost contact with some of the authors, and as such, we hope that they can contact us as soon as they see this series published. Please contact Mr Du Houwen at duhouwen@yahoo.com.cn.

We welcome any criticism and suggestions from teachers and students for the revision and betterment of this series.

The Compiler

Contents 目 录

第一课 LESSON 1　　汽　水

课文 Text

　　夏天，人们都喜欢喝汽水。你想过没有，打开瓶盖儿的时候，为什么往外冒气泡呢？

　　我们把汽水跟水比较一下。汽水跟水没有多大的不同，只不过汽水里多了一种东西——二氧化碳。水是怎样变成汽水的呢？在汽水工厂里，人们把糖、果汁及其他原料放入水中，再用很大的压力，把二氧化碳压入水中，使它溶解在水里，然后把溶解了二氧化碳的水装进瓶里，把瓶盖儿盖紧，这就成了汽水。

　　人们把瓶盖儿打开时，外边的压力减小了，汽水里的一些二氧化碳被分解出来，形成气泡，从瓶口冒了出来。

　　为什么喝了汽水，会觉得凉快呢？

　　人们把汽水喝进去以后，身体并不吸收二氧化碳；二氧化碳会很快地从嘴里跑出来，并且把身体里的热量也带了出来，人们就觉得凉快了。

生词 New Words

1. 汽水（名）	qìshuǐ	soda water, soft drink
2. 盖儿（名）	gàir	lid, cover, top
3. 冒（动）	mào	to emit, to send out
4. 气泡（名）	qìpào	bubble
5. 不同	bù tóng	not alike, different
6. 不过（副、连）	búguò	only, merely; but
7. 二氧化碳（名）	èryǎnghuàtàn	carbon dioxide (CO_2)
8. 怎样（代）	zěnyàng	how
9. 变（动）	biàn	to change, to become
10. 成（动）	chéng	to turn into
11. 入（动）	rù	to enter
12. 果汁（名）	guǒzhī	fruit juice

13. 及（连）	jí	and
14. 原料（名）	yuánliào	raw material
15. 压力（名）	yālì	pressure
16. 压（动）	yā	to press
17. 使（动）	shǐ	to make
18. 它（代）	tā	it
19. 溶解（动）	róngjiě	to dissolve
20. 然后（名）	ránhòu	then, after that
21. 装（动）	zhuāng	to put in
22. 盖（动）	gài	to cover, to build
23. 紧（形）	jǐn	tight
24. 减小（动）	jiǎnxiǎo	to reduce, to decrease
25. 分解（动）	fēnjiě	to resolve, to decompose
26. 形成（动）	xíngchéng	to form
27. 瓶口（名）	píngkǒu	the mouth of a bottle
28. 并（不、没有）（副）	bìng (bù、méiyǒu)	*placed before a negative word to intensify the negation and imply that something has turned out contrary to expectations*
29. 吸收（动）	xīshōu	to suck up, to absorb
30. 并且（连）	bìngqiě	moreover, and also
31. 热量（名）	rèliàng	quantity of heat

注释 Notes

1. ……这就成了汽水

副词"就"在这里表示承接上文，得出结论。

The adverb 就 is used here to connect the preceding sentence or paragraph with its consequence.

2. 分解出来

"出来"充当复合趋向补语，在这里引申为表示某事物通过动作而出现。

The compound directional complement 出来 here indicates that the object is made apparent through an action expressed by the verb. This is an extended usage of 出来.

语法 Grammar

1. 不过

The adverb 不过

"不过"在这里是副词，用在主语后，把事情往小里或往轻里说，前后常有说明或解释的词语。有时为了强调,前面还用上副词"只"。

不过, used here adverbially after the subject, means "only or merely" in a disparaging sense, and further explanation is often needed either before or after 不过. Sometimes the adverb 只 may also precede it for emphasis.

例如:

(1)北京大学离这里不过一公里路,不太远。

(2)我不过刚学了半年汉语,还不能当翻译。

(3)我只不过想知道这个数码相机多少钱,不是要买。

(4)她汉语说得不错,只不过说得慢一点儿。

2. 使

The verb 使

"使"是动词,表示"致使、让、叫",常用在兼语句中。

使, a verb meaning "to make … do …", is commonly used in pivotal constructions.

例如:

(1)你的信,使我很高兴。

(2)参观和旅行,使阿尔玛了解了很多情况。

(3)用很大的压力,可以使二氧化碳溶解在水里。

3. 并且

The conjunction 并且

"并且"是连词,连接并列的成分或分句,表示进一层的意思。

The conjunction 并且 is used to link parallel elements or clauses to show a further degree or additional information.

例如:

(1)今天晚上,我们一起复习并且讨论一些语法问题。

(2)阿尔玛会说西班牙文,并且说得很好。

(3)她汉语说得很好,并且汉字也写得很好看。

(4)在北京汽车制造厂,我们参观了四个车间,并且访问了一个工人家庭。

4. 并(不、没有)

The adverb 并(不、没有)

"并"在这里是副词,放在"不、没(有)"前边,用来加强否定的语气,有否定某种看法、说明真实情况的意味。

并, an adverb, is used before 不 or 没(有) to negate an idea or a fact with a stronger tone.

例如:

（1）人喝了汽水，身体并不吸收汽水里的二氧化碳。

（2）学习了三个多月汉语，我觉得汉语并不难。

（3）昨天下了大雪，可是今天并不太冷。

（4）你说的这件事，他并没告诉过我。

练习 Exercises

1. 用"不过"回答问题：

Answer the following questions with 不过：

（1）她打汉字打得怎么样？

（2）山田快三十岁了吧？

（3）她写的汉字好看吗？

（4）那个电影有意思吗？

（5）保罗刚买的电脑怎么样？

（6）你喜欢看京剧吗？

2. 用动词"使"改写句子：

Rewrite the following sentences with 使：

例：北京的秋天气温大约在 20℃，人们都觉得很舒服。

北京的秋天使人觉得很舒服。

（1）北京夏天的气温很高，人觉得不舒服。

（2）听了他的话，我高兴极了。

（3）通过这次参观，我了解了中国工人的生活情况。

（4）喝了汽水，人会觉得凉快。

（5）用一定的压力，二氧化碳可以溶解在啤酒中。

3. 用连词"并且"完成对话：

Complete the following dialogues with 并且：

（1）她会说汉语吗？

她会说汉语，＿＿＿＿＿＿＿＿＿＿。

（2）他喜欢踢足球吗？

他喜欢踢足球，＿＿＿＿＿＿＿＿＿＿。

（3）昨天晚上你做什么了？

我做了练习，＿＿＿＿＿＿＿＿＿＿。

（4）今天你上网了没有？

上网了，_____。

（5）这件衣服怎么样？

这件衣服颜色不错，_____。

（6）你们的学校怎么样？

我们的学校很大，_____。

4. 用"并（不、没有）"完成句子：

Complete the following sentences with 并（不，没有）：

（1）喝了汽水以后，_____二氧化碳很快地从嘴里跑出来。

（2）这件衣服很贵，_____。

（3）现在已经是冬天了，可是天气_____。

（4）昨天是星期天，_____他到北京图书馆看书去了。

（5）_____，可是他非常了解中国的情况。

5. 按照汽水的生产过程编好号码：

Fill in each blank with the appropriate ordinal number, in accordance with the soda water production process:

（　）把二氧化碳压入水中，使二氧化碳溶解在水里。

（　）把瓶盖儿盖紧。

（　）把溶解了二氧化碳的水装进瓶子里。

（　）把糖和果汁放进水中。

6. 回答问题：

Answer the following questions:

（1）汽水是怎样制成的？

（2）打开汽水瓶盖儿的时候，为什么往外冒气泡呢？

（3）喝了汽水，为什么会觉得凉快呢？

第二课 LESSON 2　　气　温

 **课文 Text**

　　中国大部分地区，一月是最冷的。这个月，广州的平均气温是 13.4℃（十三点四摄氏度），上海 3.2℃。北京 –4.6℃（零下四点六摄氏度），哈尔滨 –19.7℃。我们可以看出，一月哈尔滨的平均气温最低。北京的气温没有哈尔滨那么低，不过也下降到零度以下了。上海的气温比北京高 7.8 度，广州的气温比哈尔滨高得多。

　　冬季，中国各地的气温普遍较低，而且南北气温相差很大。从北往南，气温逐渐升高；相反，从南往北气温逐渐降低。这就是中国冬季的气温特点。形成这种气温特点的主要原因在于：冬季，太阳光直射南半球，北半球获得太阳的热量少。另外，北方靠近冬季风发源地，所以更加寒冷。

　　中国大部分地区，七月是最热的。这个月，哈尔滨的最高气温是 28.2℃，北京比哈尔滨的气温稍微高一些，是 30.9℃。上海比北京还高一点儿，是 32.3 ℃。广州的气温比北京更高，是 32.6 ℃。

　　夏季，中国大部分地区的气温都是比较高的，不过南北气温相差不大。这就是中国夏季的气温特点。形成这种气温特点的主要原因在于：夏季，阳光直射北半球，北半球获得的热量多；这个季节，南方和北方获得太阳的热量大致相当。

生词 New Words

1.	部分（名）	bùfen	part
2.	地区（名）	dìqū	region
3.	平均（动）	píngjūn	to average
4.	摄氏（名）	shèshì	celsius, centigrade
5.	那么（代）	nàme	so
6.	以下（名）	yǐxià	under, below
7.	比（介）	bǐ	than, as compared with (to)
8.	各地（名）	gèdì	various places
9.	普遍（形）	pǔbiàn	universal, general, common
10.	较（副）	jiào	comparatively, relatively, fairly

11. 相差（动）	xiāngchà	to differ
12. 逐渐（副）	zhújiàn	gradually, step by step
13. 升高（动）	shēnggāo	to go up
14. 相反（形）	xiāngfǎn	contrary
15. 降低（动）	jiàngdī	to reduce, to lower
16. 特点（名）	tèdiǎn	distinguishing feature
17. 原因（名）	yuányīn	cause, reason
18. 太阳（名）	tàiyáng	sun
19. 光（名）	guāng	light, ray
20. 直射（动）	zhí shè	to directly shine
21. 南半球（名）	nánbànqiú	the Southern Hemisphere
22. 北半球（名）	běibànqiú	the Northern Hemisphere
23. 获得（动）	huòdé	to get, to attain
24. 靠近（动）	kàojìn	to be near
25. 季风（名）	jìfēng	monsoon
26. 发源地（名）	fāyuándì	place of origin
27. 更加（副）	gèngjiā	more, still more
28. 寒冷（形）	hánlěng	cold
29. 稍微（副）	shāowēi	a little, a bit, slightly
30. 南方（名）	nánfāng	the southern part of a country
31. 北方（名）	běifāng	the northern part of a country
32. 阳光（名）	yángguāng	sunlight, sunshine
33. 大致（副）	dàzhì	approximately, roughly
34. 相当（动、形、副）	xiāngdāng	to be equivalent to; suitable; quite

专名 Proper Nouns

1. 广州	Guǎngzhōu	Guangzhou
2. 哈尔滨	Hā'ěrbīn	Harbin

 注释 **Notes**

1. 气温普遍较低

副词"较"就是"比较"的意思，多修饰单音节形容词。

The adverb 较 has the same meaning as 比较. 较 is mostly used to modify monosyllabic adjectives.

2. 上海（的气温）比北京还高一点儿

副词"还"表示程度上有所增加，常跟"比"连用。

The adverb 还 is often used with 比 to mean a further degree.

3. 更加寒冷

副词"更加"常用在双音节形容词、动词前，如：更加凉快、更加喜欢。

The adverb 更加 is often used before a disyllabic adjective or verb. E.g., 更加凉快, 更加喜欢.

语法 Grammar

1. 用"比"表示比较

Comparisons expressed by the preposition 比

用介词"比"可以比较两件事的性质、特点等。一般格式是：

A——比——B——差别

比 is a preposition of comparison indicating the difference between two things. The general formula of a 比 sentence is :

A—比—B—the difference in comparison

例如：

（1）他二十岁，我十九岁，他比我大，我比他小。

（2）他比我忙。

（3）这个教室比那个教室大。

（4）冬天，北京比上海冷。

在"比"字句中，作谓语的形容词前边还可以用上表示程度的副词"更"、"还"等。

In a 比 sentence, the adverb of degree, 更 or 还 etc., can be used before the adjective.

例如：

（5）冬天北京的气温很低，哈尔滨的气温更低。

（6）我已经三十岁了，他比我还大。

但是在"比"字句中，作谓语的形容词前面一定不能用"很、非常、太"等程度副词。不能说"我比他很大"。

However, in a 比 sentence, the adverb of degree, such as 很, 大 or 非常 can never be used in front of the adjective. For example, the sentence 我比他很大 is wrong.

一般动词谓语句也可以用"比"表示比较。

比 can also be used in some sentences with verbs as their predicates, to express comparison.

例如：

（7）他比我更了解中国的情况。

（8）安东尼比我来得还早。

（9）阿尔玛比我翻译得快。

（10）他汉字写得比我好。

2. 数量补语

The complements of quantity

在"比"字句中，如果要进一步指出两件事情的具体差别，就可以用数量补语来表示。

In a sentence of comparison employing 比, if we want to point out what is the exact difference between two things, we can use a complement of quantity.

例如：

（1）冬天，上海的平均气温比广州低 10℃多。

（2）夏天，北京的平均气温比哈尔滨高 2.7℃。

（3）他比我大三岁。

（4）她们班的学生比我们班多五个。

如果要表示大略的差别程度，可以用"一点儿、一些"说明差别不大，用程度补语"多"说明差别很大。

If we want to express an approximate difference, we use 一点儿 or 一些 to indicate that the difference is not great. If we use the complement of degree 多, we are indicating that the difference is very great.

例如：

（5）夏天，哈尔滨的平均气温比北京稍低一点儿。

（6）他汉语说得比我好一些。

（7）冬天，哈尔滨的气温比广州低得多。

3. 用"没有"表示比较

Comparisons using 没有

用"没有"表示比较时，一般格式是：

A——没有——B——（那么/这么）——比较的方面

If 没有 is used to show comparison, the following form should be followed:

A—没有—B—(那么 or 这么)—the aspect to be compared

这种格式所表示的意义是 A 达不到 B 的程度，比较时以 B 为标准，"A 没有 B……"。如果用"比"字句来表达，就是"B 比 A……"。即：A 没有 B 好＝B 比 A 好。

The idea expressed by this form is that A is not equal to the degree shown by B. If we used 比 to express the same idea shown by A 没有 B …, it would be B 比 A …. That is to say A 没有 B … is equivalent to B 比 A ….

例如：

（1）黄河没有长江长。

（2）这个地方没有颐和园好看。

（3）北京没有哈尔滨那么冷。

（4）那个教室没有这个教室这么大。

某些动词谓语句也可以用"没有"表示比较。

没有 is not only used in sentences with adjectives as predicates to show comparison, but also in certain sentences with verbal predicates.

例如：

（5）今天早上我起得没有他早。

（6）这次考试，我没有阿尔玛考得好。

（7）她没有我这么喜欢看足球比赛。

 Exercises

1. 按照例子改写句子：

Rewrite the following sentences in accordance with the examples provided:

例：昨天最高气温 16℃，今天最高气温 10℃。

　　昨天比今天暖和。（今天比昨天冷。）

　　今天没有昨天暖和。

（1）一月哈尔滨的平均气温是 –19.7℃，广州的平均气温是 13.4℃。

（2）王老师今年 35 岁，张老师今年 40 岁。

（3）142 班有 10 个男同学，5 个女同学。

（4）安东尼身高 1.70 米（mǐ metre），保罗身高 1.85 米。

（5）112 阅览室有 38 种中文杂志，230 阅览室有 50 种中文杂志。

例：阿尔玛每天 6 点半起床，安娜每天 7 点起床。

　　阿尔玛比安娜起得早。

　　安娜没有阿尔玛起得早。

（1）她汉字写得很好，我汉字写得不太好。

（2）他每天 7 点 3 刻来教室，我每天 7 点 50 来教室。

（3）张文说得很清楚，李平说得不太清楚。

（4）他骑自行车每小时骑 20 公里，我只骑 15 公里。

（5）保罗打汉字打得很快，我打得比较慢。

（6）阿尔玛做练习做得非常认真，我做练习做得不太认真。

2. 仿照例子造"比"字句：

Change the following into 比 sentences, as shown in the example:

例：房间里边的气温是 20℃，外边只有 14℃。

　　房间里边的气温比外边高 6℃。

房间外边的气温比里边低6℃。

（1）今年我姐姐28岁，我哥哥25岁。

（2）这套西服2300元，那套1500元。

（3）从北京大学到天坛公园有20公里，到中山公园有15公里。

（4）他们学校有650个留学生，有865个中国学生。

（5）我是去年8月28号到北京的，安娜是9月10号到北京的。

3. 根据所给的词语用"比……更……"或"比……还……"格式造句：

Use the following phrases to make sentences using 比 … 更 … or 比 … 还 …:

例：我　阿尔玛　做练习　认真

　　我做练习做得很认真，阿尔玛比我还认真。

（1）安东尼　保罗　成绩　好

（2）北京　上海　人口　多

（3）北京　南京　夏天　热

（4）安东尼　保罗　喜欢　踢足球

（5）哥哥　爸爸　起　早

4. 回答问题：

Answer the following questions:

（1）中国冬季的气温有什么特点？说明原因。

（2）中国夏季的气温有什么特点？说明原因。

（3）介绍一下你们国家的气温特点。

第三课 LESSON 3　水蒸气

课文 Text

　　洗过的衣服晾在阳光下，过了几个小时就干了，衣服上的水到哪儿去了呢？原来，水受了热，慢慢地变成水蒸气，跑到空气里去了。

　　我们平常看到的水是液体。水受了热，会变成气体，这种气体就叫做水蒸气。水蒸气是一种看不见的气体，所以不容易觉察到。

　　水在平常温度下，吸收周围的热量，慢慢地变为水蒸气飞散到空气中，这种现象叫做蒸发。地上的水变成了水蒸气，蒸发到天上，就形成了白云。如果水蒸气凝结成较大的水滴，水滴就会落下来形成雨。

　　水蒸发得快慢，跟温度有关系：温度越高，水蒸发得越快；温度越低，水蒸发得越慢。所以洗过的衣服，夏天要比冬天干得快，在阳光下要比在屋子里干得快。另外，蒸发的面积越大，风越大，水蒸发得也就越快。

　　蒸发使水变成水蒸气，水蒸气受冷又会变成水。

生词 New Words

1.	水蒸气（名）	shuǐzhēngqì	steam
2.	晾（动）	liàng	to hang out to dry, to air
3.	干（形）	gān	dry
4.	原来（副、形）	yuánlái	it turns out that … , as a matter of fact; original, formerly, originally
5.	受（动）	shòu	to be affected
6.	空气（名）	kōngqì	air
7.	平常（名、形）	píngcháng	nomal occurrence; common, ordinary
8.	液体（名）	yètǐ	liquid

9. 气体（名）	qìtǐ	gas
10. 叫做（动）	jiàozuò	to be called, to be known as
11. 所以（连）	suǒyǐ	therefore, as a result
12. 容易（形）	róngyì	easy
13. 觉察（动）	juéchá	to sense, to detect
14. 温度（名）	wēndù	temperature
15. 周围（名）	zhōuwéi	surrounding environment, vicinity
16. 为（动）	wéi	to be, to mean
17. 飞散（动）	fēisàn	to disperse
18. 空中（名）	kōngzhōng	in the sky
19. 现象（名）	xiànxiàng	appearance
20. 蒸发（动、名）	zhēngfā	to evaporate; evaporation
21. 地上	dìshang	the earth's surface, ground
22. 天上	tiānshang	the sky
23. 如果（连）	rúguǒ	if, supposing that
24. 凝结（动）	níngjié	to condense
25. 水滴（名）	shuǐdī	drop of water
26. 落（动）	luò	to fall, to drop
27. 快慢（名）	kuàimàn	speed
28. 关系（名、动）	guānxi	relation, bearing; to have a bearing on
29. 越……越……	yuè…yuè…	the more … the more …
30. 屋子（名）	wūzi	room
31. 另外（形、副）	lìngwài	other; besides
32. 面积（名）	miànjī	area

 **Notes**

原来，水受了热……

　　"原来"是副词，在这里表示发现了从前不知道的情况。

　　As an adverb, 原来 indicates discovering something one didn't previously know.

 **Grammar**

1. "在……下"格式

The construction 在 … 下

　　"在……下"除表示具体方位外，还可以说明条件或情况。"在……下"之间多是名词或名词性结构。

　　在 … 下, apart from referring to physical positions, may also refer to conditions or circumstances. Nouns or noun phrases are largely used between the characters 在 and 下.

例如：

（1）在老师的帮助下，他进步很快。

（2）在平常温度下，水会慢慢地变成水蒸气。

（3）在阳光下，水蒸发得更快些。

（4）在很大的压力下，二氧化碳能溶解在水里。

2. "如果……就……" 格式

The construction 如果 … 就 …

"如果"用于复句中的前一分句（偏句），表示假设，后一分句（正句）推断出结论或提出问题，常跟"就"或"那么"搭配，构成"如果……就……"格式或"如果……那么……"格式。

The word 如果 is often used in the first clause of a sentence to show supposition. 那么 or 就 is often used in the second clause, to show the conclusion of the given supposition.

例如：

（1）如果水蒸气受冷，就会变成水。

（2）如果明天天气好，我们就去公园玩玩吧。

（3）放了假，如果你不回国，我们就一起去旅行。

（4）如果你喝了汽水，一会儿就觉得凉快了。

（5）这本小说写得很好，如果你有时间，可以看看。

（6）如果你会上网，那么我们在网上聊天吧。

3. "越……越……" 格式

The construction 越 … 越 …

"越 A 越 B"格式表示在程度上 B 随 A 的发展而变化。

The construction 越 A 越 B indicates that as A changes so does B.

A 和 B 的主语相同。

A and B can share the same subject in a sentence.

例如：

（1）风越刮越大。

（2）他越走越快。

（3）我越看越喜欢。

A 和 B 的主语不同。

However, A and B do not always share the same subject in a sentence.

例如：

（4）温度越高，水蒸发得越快。

（5）冬天，人们越往北走，气温越低。

（6）我们越讨论，问题就越清楚。

注意：A 和 B 可以是动词，也可以是形容词。

Note: Both A and B can be either verbs or adjectives.

 Exercises

1. 在什么情况或条件下，能得到下列结果或结论？回答时请用上"在……下"格式。

Give the conditions necessary for achieving the following results. Use the construction 在 … 下 in your answers.

例：洗过的衣服干得快。

在阳光下，洗过的衣服干得快。

（1）水是液体。

（2）水蒸发得很快。

（3）水蒸气会变成水。

（4）水会变成冰。

（5）水能变成气体。

2. 用"如果……就……"格式完成句子：

Complete the following sentences using 如果 … 就 … :

（1）如果冬天去哈尔滨，＿＿＿＿＿＿＿＿。

（2）＿＿＿＿＿＿＿＿，水就成了汽水。

（3）如果你明天不能来我这儿，＿＿＿＿＿＿＿＿。

（4）如果你有电脑，＿＿＿＿＿＿＿＿。

（5）＿＿＿＿＿＿＿＿，我们就坐火车去吧。

（6）如果你去过桂林和黄山，＿＿＿＿＿＿＿＿。

3. 用"越……越……"格式完成句子：

Complete the following sentences using 越 … 越 … :

（1）快到站了，汽车越开＿＿＿＿。

（2）这个故事很有意思，我们越听＿＿＿＿。

（3）蒸发面积越大，水＿＿＿＿；蒸发面积越小，水＿＿＿＿。

（4）人们用很大的压力把二氧化碳压入水中，压力越大，溶解在水中的二氧化碳

_____。

（5）在中国，冬天人们越往北走 _____，越往南走 _____。

4. 回答问题：

Answer the following questions:

（1）什么叫做蒸发？举例（jǔlì to give examples）说明这种现象。

（2）蒸发的快慢跟哪些条件（tiáojiàn condition）有关系？举例说明。

回音壁和三音石

第四课
LESSON 4

北京的天坛是中国有名的古代建筑群。天坛里面的回音壁和三音石，有很奇妙的声学现象。到天坛游览的人，都会被这种现象吸引住。

回音壁是一道封闭的圆形围墙。一个人靠着墙站在西边甲处（如图4–1），即使小声说话，站在东边乙处的人，也能听得很清楚，觉得说话的声音好像是从很近的丙处发出来的。这是为什么呢？原来，回音壁能传音的奥秘就在于它有足够大的圆形结构。

我们平时在比较小的屋子里说话无法听到回声，是因为屋子面积小，回声反射回来很快，基本上跟原来的声音合并在一起；在山谷里高喊，障碍物离声源比较远，回声反射回来的时间长，回声和原声有一定的时间间隔，所以能听出回声。天坛回音壁的围墙很大，半径有32.8米，这个距离可以使人清楚地分辨出回声来。

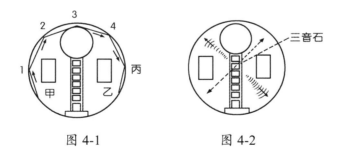

图 4-1   图 4-2

回音壁的墙面平滑、坚硬，能很好地反射声波。另外，围墙上端覆盖着的琉璃瓦可以阻止声波向外散漫，加强了回音壁的传音效果。这样，从甲处发出来的声音，沿着圆形的墙反射多次，最后好像从丙处反射到乙处。

三音石在回音壁中心（如图4–2）。一个人站在三音石上鼓掌，掌声就从这里向周围传播，被回音壁的墙面反射回来，立刻又向周围传播。这样，鼓掌的人就可以多次听到反射回来的声音。

生词 New Words

1. 群（名、量）	qún	crowd, group; *a measure word*
2. 奇妙（形）	qímiào	marvellous
3. 声学（名）	shēngxué	acoustics
4. 吸引（动）	xīyǐn	to attract
5. 道（量）	dào	*a measure word*
6. 封闭（动）	fēngbì	to be closed
7. 圆形（名）	yuánxíng	round, circular
8. 围墙（名）	wéiqiáng	enclosing wall
9. 甲（名）	jiǎ	the first, A-grade
10. 即使（连）	jíshǐ	even if
11. 小声	xiǎo shēng	low voice
12. 乙（名）	yǐ	the second, B-grade
13. 声音（名）	shēngyīn	sound
14. 好像（动）	hǎoxiàng	to seem, to be like
15. 丙（名）	bǐng	the third, C-grade
16. 传音（动）	chuányīn	to transmit sound
17. 奥秘（名）	àomì	profound mystery
18. 足够（形）	zúgòu	enough
19. 无法（动）	wúfǎ	unable, incapable
20. 回声（名）	huíshēng	echo
21. 反射（动）	fǎnshè	to reflect
22. 基本上（副）	jīběnshàng	basically, in the main, on the whole
23. 基本（形、副）	jīběn	basic, main; basically, in the main, on the whole
24. 合并（动）	hébìng	to merge, to amalgamate
25. 山谷（名）	shāngǔ	mountain valley
26. 高喊	gāo hǎn	to shout loudly
27. 障碍物（名）	zhàng'àiwù	obstacle
28. 声源（名）	shēngyuán	sound source
29. 间隔（名、动）	jiàngé	interval, intermission; to intermit
30. 半径（名）	bànjìng	radius
31. 距离（名、动）	jùlí	distance; to be apart from
32. 分辨（动）	fēnbiàn	to distinguish
33. 墙面（名）	qiángmiàn	the surface of a wall
34. 光滑（形）	guānghuá	smooth
35. 坚硬（形）	jiānyìng	hard, solid
36. 声波（名）	shēngbō	sound wave
37. 上端（名）	shàng duān	top

38. 覆盖（动）	fùgài	to cover
39. 琉璃瓦（名）	liúliwǎ	glazed tile
40. 阻止（动）	zǔzhǐ	to prevent, to stop
41. 散漫（动）	sǎnmàn	to disperse
42. 加强（动）	jiāqiáng	to strengthen, to enhance
43. 效果（名）	xiàoguǒ	effect, result
44. 传播（动）	chuánbō	to propagate
专名 Proper Nouns		
1. 回音壁	Huíyīnbì	the Echo Wall
2. 三音石	Sānyīnshí	Triple Sound Stone
3. 天坛	Tiāntán	the Temple of Heaven

 **Notes**

吸引住

"住"作结果补语，在这里表示使某人停留在某处。

The resultative complement 住 here indicates that someone is made to stay in a certain place.

 **Grammar**

1. "即使……也……"格式

The construction 即使 ... 也 ...

"即使"常和"也"搭配，构成"即使……也……"格式，用在让步复句里。在这类句子里，前一分句（偏句）先退一步说，把假设当作事实承认下来，后一分句（正句）则说出与假设一旦实现后的结果相反的情况。

The word 即使 is often used in concessive compound sentences together with 也, showing supposition and concession. In this kind of sentence, the first clause often raises a concession and the second clause points out the result which is normally contrary to the suppositive condition given in the first clause.

例如：

（1）我早就想看一看长城，即使明天下雨，我也要去。

（2）即使不来中国学习汉语，我也要来旅游。

（3）即使在冬天，水也会慢慢蒸发的。

（4）这几年，即使在南方，有时候也会下雪。

（5）这本书，你即使不来拿，我也会给你送去的。

（6）现在有了电脑，即使坐在家里，也可以预订飞机票、买东西。

2. 原来

The word 原来

形容词"原来"有"本来"、"从前"的意思，可以作定语，也可以作状语。

原来, an adjective, means 本来 or 从前. It can function as an attributive or an adverbial.

例如：

（1）他还住在原来的地方。

（2）他原来不会说汉语，现在已经说得很好了。

（3）这个学校原来有 700 多学生，现在已经有 2000 多了。

副词"原来"表示发现了以前不知道的情况。

原来 here is an adverb implying a discovery, which translates as "it turns out that".

例如：

（4）洗过的衣服，慢慢地干了。衣服上的水到哪儿去了呢？原来，水变成水蒸气跑掉了。

（5）我找了你半天，原来你在这儿。

（6）这本《中国历史》，原来是他编写的。

（7）为什么喝了汽水觉得凉快呢？原来，汽水里的二氧化碳把身体里的热量带了出来。

3. 好像

The word 好像

动词"好像"表示有点儿像、类似。

The verb 好像 means "to seem, to be like".

例如：

（1）他说话好像中国的南方人。

（2）他们第一次见面，好像多年的老朋友。

副词"好像"表示不很肯定，相当于"大概"、"似乎"，也说成"好像是"。

The adverb 好像 functions like "probably" or "as if". 好像是 is sometimes used instead of 好像.

例如：

（3）他好像没有听懂我说的话。

（4）我好像在哪儿见过这个人。

（5）你好像是累了，快点儿休息吧。

 **Exercises**

1. 把"即使"加在句子中适当的地方并注意它的位置：

Insert 即使 into each of the following sentences, paying attention to its place in each sentence:

（1）他身体非常好，天气很冷，他也不穿大衣。

（2）二氧化碳进入人的身体里边，人体也不会吸收它。

（3）夏天，不在阳光下，洗过的衣服过几个小时也会干。

（4）天气很冷，他也坚持体育锻炼。

（5）站在三音石上，小声说话，也能听到回声。

2. 完成句子，并注意"原来"的用法：

Complete the following sentences, paying attention to the usage of 原来：

（1）这次去上海旅行，我还住在 ＿＿＿＿＿＿＿＿＿。

（2）我家 ＿＿＿＿＿＿＿＿＿，现在有六口人了。

（3）我觉得中文并不难，现在 ＿＿＿＿＿＿＿＿＿。

（4）我说的话中国人听不懂，原来 ＿＿＿＿＿＿＿＿＿。

（5）这个房间里怎么这么冷？原来 ＿＿＿＿＿＿＿＿＿。

（6）为什么喝了汽水，会觉得凉快呢？原来 ＿＿＿＿＿＿＿＿＿。

3. 用"好像"完成句子：

Complete the following sentences with 好像：

（1）今天的天气很暖和，＿＿＿＿＿＿＿＿＿。

（2）前面走的那个人，＿＿＿＿＿＿＿＿＿。

（3）她今天没来上课，＿＿＿＿＿＿＿＿＿。

（4）我不客气，来到你这儿，＿＿＿＿＿＿＿＿＿。

（5）放了假去外地旅游的事，＿＿＿＿＿＿＿＿＿。

4. 回答问题：

Answer the following questions:

（1）回音壁有什么样的声学现象？请解释（jiěshì to explain）一下这种现象。

（2）三音石有什么样的声学现象？为什么会发生这种现象？

第五课 LESSON 5 浮 力

我们把一块木头放入水中，木头就浮在水面上。用手把它压入水中，一放开手，它又会浮上来。这是因为木头在水中受到一个向上托起的力，我们把这个力叫做浮力。把铁块放进水里，它马上就沉到水底去了。铁块在水里有没有受到浮力呢？

我们把铁块用线拴住，称一称（如图5-1）。再把它放进水里称一称，就会发现，铁块在水里变轻了（如图5-2）。这说明，铁块在水里也受到了浮力。

不论把什么东西放入水中，它都会受到一个向上的浮力，因此都会变轻。

物体在任何液体或气体中都会受到浮力。物体在液体或气体中所受的浮力，等于它所排开的液体或气体的重量。这就是著名的浮力定律，也称为阿基米德定律。

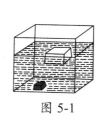

图 5-1

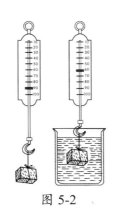

图 5-2

为什么木头浮在水面上，而铁块要沉到水底呢？因为水的浮力托不住铁块，铁块的重量比它受到的浮力大得多，所以铁块会沉到水底。

木头所以能浮在水面上，是因为水的浮力把它托住了，也就是说，它受到的浮力大于它的重量。

如果物体所受的浮力等于它的重量，那么物体在水中不会沉下去也不会浮上来，把它放在哪儿，它就悬在哪儿。

物体所受到的浮力与它的体积有关系，与流体（液体或气体）的密度也有很大的关系。密度越大，物体所受的浮力也越大。人在死海里游泳，谁都可以随意漂浮在水面上，而不会下沉。因为死海里的水含盐量很高，密度较大，人在死海中就会受到较大的浮力，很容易飘浮起来。

生词 New Words

1. 浮力（名）	fúlì	buoyancy
2. 块（量）	kuài	piece
3. 木头（名）	mùtou	log, timber
4. 浮（动）	fú	to float
5. 面（名）	miàn	surface
6. 手（名）	shǒu	hand
7. 放（手）（动）	fàng(shǒu)	to remove (hand)
8. 因为（连）	yīnwèi	because
9. 受到（动）	shòudào	to be subjected to, to suffer
10. 托（动）	tuō	to hold up
11. 力（名）	lì	force
12. 铁块	tiěkuài	lump of iron
13. 铁（名）	tiě	iron (Fe)
14. 沉（动）	chén	to sink
15. 底（名）	dǐ	bottom
16. 线（名）	xiàn	thread
17. 拴（动）	shuān	to tie, to fasten
18. 发现（动）	fāxiàn	to discover, to find out
19. 轻（形）	qīng	light
20. 不论（连）	búlùn	no matter (how, what, etc.)
21. 因此（连）	yīncǐ	therefore, for this reason
22. 物体（名）	wùtǐ	body, object
23. 任何（形）	rènhé	any, whatever
24. 所（助）	suǒ	*a structural particle*
25. 等于（动）	děngyú	to be equal to
26. 排开（动）	páikāi	to drain off
27. 重量（名）	zhòngliàng	weight
28. 称为（动）	chēngwéi	to be known as, to be called
29. 定律（名）	dìnglù	law
30. 而（连）	ér	but, and
31. 悬（动）	xuán	to suspend
32. 体积（名）	tǐjī	volume
33. 流体（名）	liútǐ	fluid
34. 密度（名）	mìdù	density
35. 随意（副）	suíyì	at will, as one pleases
36. 漂浮（动）	piāofú	to float
37. 含（动）	hán	to contain

38. 盐（名）	yán	salt
39. 量（名）	liàng	quantity, amount
专名 Proper Nouns		
1. 阿基米德	Ājīmǐdé	Archimedes
2. 死海	Sǐhǎi	the Dead Sea

 **注释** Notes

1. 所受的浮力

助词"所"用在及物动词之前，构成"所＋动词"结构，这种结构可以作定语，后面一般要用"的"。

The particle 所 can be placed before a transitive verb to form the construction "所 + verb" and be followed by 的, acting here as a modifier.

2. ……而铁块要沉到水底

连词"而"（1）用在第二个句子的开头，表示后面是相对或相反的另一件事。

The conjunction 而 (1) placed at the beginning of the second clause of a compound sentence joins two contrary clauses to each other.

3. 可以漂浮在水面上而不会下沉

连词"而"（2）在这里表示递进关系。

The conjunction 而 (2) is here used to indicate a progressive statement.

4. 大于

介词"于"（1）在这里表示比较。"大于"即"比……大"。

The preposition 于 (1) is used after an adjective, showing comparison.

 **语法** Grammar

1. 疑问代词表示任指

Interrogative pronouns denoting indefinite notions

疑问代词"谁"、"什么"、"哪"、"哪儿"、"怎么"等除在疑问句中表示疑问外，还可以在陈述句中表示任指，用来代替任何人、事物或方式等，强调在所说的范围之内没有例外，后边常有"都"或"也"和它呼应。

Apart from being used to form questions, the interrogative pronouns 谁, 什么, 哪, 哪儿, 怎么 can also be used in declarative sentences together with 都 or 也 to show an indefinite notion, which can serve as a substitute for anyone, anything or any way, emphasizing that there is no exception within a given scope.

例如：

（1）我们谁都想去游览长城。

（2）这个星期天，你什么时候来都可以，我在宿舍等你。

（3）教学楼里哪个教室都很干净。

（4）他第一次来中国，哪儿都想去看看。

（5）怎么让他唱歌他也不唱。

2. "不论……都……" 格式

The construction 不论 ... 都 ...

"不论"用在复句中有表示任指的疑问代词或有表示选择关系的并列成分的分句里，后一分句中常有"都"或"也"与之呼应，构成"不论……都（也）……"格式。这种格式表示在任何条件下结果或结论都不会改变。

不论 is used in clauses with interrogative pronouns showing indefiniteness or in clauses consisting of parallel alternatives. Normally, the adverb 都 or 也 is used in the second clause to form the construction 不论 ... 都（也）..., emphasizing that certain results will remain unchanged whatever the circumstances.

例如：

（1）不论做什么工作，他都非常认真。

（2）中国的名胜古迹很多，不论哪个景点，他都想去看看。

（3）不论怎么忙，他也要坚持锻炼身体。

（4）不论工作、学习，他都非常努力。

（5）不论在液体里还是在气体里，物体都会受到浮力。

3. "因为……所以……" 格式

The construction 因为 ... 所以 ...

"因为"用在复句中，前一分句表示原因或理由；后一分句开头用"所以"，表示结果或结论。前后两个分句的主语不同时，"因为"在主语前；主语相同时，主语可以在"因为"前，也可以在"因为"后。"因为"、"所以"都可以单用。

因为 is a conjunction. It mostly occurs in the first clause of a compound sentence, indicating the reason or cause, while 所以 is usually used in the second clause, indicating the result or conclusion. When the subjects of the two clauses are not the same, 因为 occurs at the beginning of the sentence. However, if the subjects are the same, 因为 can be placed either before the subject or after it. Sometimes one of the two conjunctions may be omitted.

例如：

（1）因为天气不好，所以他没出去。

（2）他因为身体不舒服，所以没来上课。

（3）因为水的浮力托不住铁块，所以铁块会沉到水底。

（4）因为时间太晚了，今天我们就不去友谊商店买东西了。

（5）今天他有事儿，所以没来。

4."……所以……是因为……"格式

The construction 所以 … 是因为 …

这种格式的前一分句是结果，后一分句是原因或理由。这种格式强调原因或理由，多用于书面语。

The construction … 所以 … 是因为 … occurs in a compound sentence. The first clause indicates the result, and the second clause emphasizes the reason or cause of the result. This kind of sentence is usually used in written Chinese.

例如：

（1）他所以没来上课，是因为病了。

（2）你所以学习成绩不好，是因为你学习不努力。

（3）木头所以能浮在水面上，是因为水的浮力大于它的重量。

（4）站在三音石上鼓掌所以能听到回音，是因为回音壁的圆形围墙足够大。

5. 因此

The conjunction 因此

"因此"是连词，表示结果或结论，可以用在主语前或主语后。

因此 is a conjunction , meaning "for that reason…". In a cause and effect sentence, it is placed either before the subject or after it.

例如：

（1）春天到了，因此气温逐渐高起来了。

（2）汽水中的二氧化碳把身体里的热量带了出来，因此喝了汽水觉得凉快。

（3）我们把任何东西放入水中，都会受到一个向上的浮力，因此都会变轻。

练习 Exercises

1. 用疑问代词填空：

Fill in the blanks with interrogative pronouns:

（1）这些节目很有意思，我们 _____ 都喜欢看。

（2）我的照相机坏了，_____修理都修理不好。

（3）这几件衣服_____一件也不合适。

（4）他_____困难也不怕。

（5）她今天不高兴，_____问她，她也不说话。

（6）我今天要在宿舍等一个朋友，_____也不去。

2. 完成句子：

Complete the following sentences:

（1）夏天不论广州、北京，_____。

（2）不论刮风还是下雨，_____。

（3）不论音乐、舞蹈，_____。

（4）不论是夏天还是冬天，_____。

（5）不论_____，我们都要去。

（6）不论_____，我都喜欢。

（7）不论复习得怎么样，_____。

（8）学过的汉字不论哪一个，_____。

（9）我们班的同学不论谁，_____。

（10）她不论到哪个国家，_____。

3. 完成句子：

Complete the following sentences:

（1）因为_____，所以铁块会沉到水底。

（2）因为回音壁是圆形的，并且很光滑，所以_____。

（3）因为_____，所以铁块在水里变轻了。

（4）因为汽水中的二氧化碳把身体里的热量带了出来，所以_____。

（5）冬季因为太阳光直射南半球，北半球得到的热量少，所以_____。

4. 用"……（所以）……是因为……"格式改写句子：

Rewrite the following sentences with …（所以）… 是因为 …:

（1）因为要学习汉语，所以就到中国来了。

（2）因为回音壁是一道光滑的圆形墙，所以声音能被多次反射传播到另一处去。

（3）因为铁块的重量比它受到的浮力大得多，所以铁块会沉到水底。

（4）因为衣服上的水蒸气受热后变成水蒸气跑掉了，所以洗完的衣服过几个小时就干了。

（5）因为冬季中国北方得到太阳的热量少，并且靠近冬季风的发源地，所以中国北方冬季很冷。

5. 用"因此"回答问题：

Answer the following questions with 因此：

（1）洗过的衣服为什么在阳光下很快就干了？

（2）铁块为什么会沉到水底呢？

（3）夏天人们喝了汽水为什么觉得凉快？

（4）为什么人们都喜欢去天坛公园玩？

（5）夏天中国南北方为什么气温都很高？

6. 回答问题：

Answer the following questions:

（1）什么叫浮力？

（2）怎样证明铁块在水中受到了浮力？

（3）木头为什么会浮在水面上？铁块为什么会沉到水底去？

第六课 LESSON 6　大气压力

 **课文** Text

　　地球的周围覆盖着一层空气，这层空气大概有二三千公里厚。由于地心引力的作用，大气被"吸"向地球，因而空气对任何物体都是有压力的，这种压力被称为大气压力。

　　大气压力是很大的。古代有人做了一个实验。他把两个空心半球合在一起，

抽出里边的空气。由于球里边空气少了，所以压力很小。外边的大气压力就把两个半球压得很紧，所以很难拉开。他用了16匹马，每边8匹，才把两个半球拉开。

　　标准大气压力有多大呢？标准大气压力差不多每平方厘米1公斤。因此，我们每个人身上都受到1万多公斤的压力呢！在这么大的压力下生活，为什么我们一点儿也感觉不到呢？由于我们身体里边也受到同样大的压力，里边向外的压力跟外边向里的压力互相抵消了，因此我们感觉不到大气的压力。

　　在大气层中的物体，都要受到空气分子撞击产生的压力。距地球表面近的地方，地球吸引力大，空气分子的密集程度高，撞击到物体表面的频率也高，由此产生的大气压力就大；距地球表面远的地方，地球吸引力小，空气分子的密集程度低，撞击到物体表面的频率也低，由此产生的大气压力就小。因此在地球上不同高度的大气压力是不同的，位置越高，大气压力越小。另外，空气的温度和湿度对大气压力也有影响。

生词 New Words

1.	大气（名）	dàqì	atmosphere
2.	地球（名）	dìqiú	earth
3.	层（量）	céng	*a measure word* (for layers)
4.	厚（形、名）	hòu	thick

5. 由于（连、介）	yóuyú	owing to, as a result of, due to
6. 地心（名）	dìxīn	the earth's core
7. 吸引力（引力）（名）	xīyǐnlì(yǐnlì)	gravitation, attraction
8. 作用（动、名）	zuòyòng	to act on; function
9. 吸（动）	xī	to attract
10. 因而（连）	yīn'ér	thus
11. 对（介）	duì	at, for, to
12. 做（动）	zuò	to do, to make
13. 实验（动、名）	shíyàn	to test; experiment
14. 空心（形）	kōngxīn	hollow
15. 半球（名）	bànqiú	hemisphere
16. 合（动）	hé	to join, to combine
17. 抽（动）	chōu	to pump out
18. 拉（动）	lā	to pull (open)
19. 匹（量）	pǐ	*a measure word* (for horses, etc)
20. 差不多（副、形）	chàbuduō	almost, nearly; about the same, similar
21. 平方（名）	píngfāng	square
22. 厘米（量）	límǐ	centimetre
23. 既然（连）	jìrán	since, now that
24. 感觉（动、名）	gǎnjué	to feel; feeling
25. 同样（形）	tóngyàng	same
26. 抵消（动）	dǐxiāo	to offset
27. 分子（名）	fēnzǐ	molecule
28. 撞击（动）	zhuàngjī	to strike, to dash against
29. 产生（动）	chǎnshēng	to produce
30. 距（动）	jù	to be apart, to be at a distance
31. 表面（名）	biǎomiàn	surface
32. 密集（形、动）	mìjí	dense, close; to be concentrated
33. 程度（名）	chéngdù	degree, level
34. 频率（名）	pínlǜ	frequency
35. 由（介）	yóu	from
36. 此（代）	cǐ	this
37. 高度（名、形）	gāodù	altitude, height; highly, a high degree of
38. 位置（名）	wèizhi	position, place
39. 湿度（名）	shīdù	humidity
40. 影响（名、动）	yǐngxiǎng	effect; to affect

 注 释 Notes

1. 空气对任何物体都是有压力的

在这里"对"是介词，引进动作的对象。

The preposition 对 here means "for", "to" or "toward", indicating the receiver of the action.

2. ……才把这两个半球拉开

副词"才"（1）表示在某种条件下，然后怎么样。

The adverb 才 (1) here denotes that someone does something or that something is carried out due to certain conditions or circumstances.

 语 法 Grammar

1. 因而

The conjunction 因而

"因而"连接分句，表示因果关系。基本上同"因此"，但不能连接句子。

因而 can be used to connect two clauses, indicating their causative relation. It functions basically like 因此, but cannot connect two sentences.

例如：

（1）桂林风景秀丽，因而游人很多。

（2）他在中国工作和生活了 8 年，因而非常了解中国。

（3）由于天气不好，因而飞机没有准时起飞。

（4）由于这几天下大雪、刮北风，气温因而下降了很多。

2. "由于……所以……"格式

The construction 由于 … 所以 …

"由于"是连词，用在复句的前一分句中，表示原因；后一分句常用"所以"、"因此"或"因而"与它呼应，说明所产生的结果。这种格式多用于书面语。

In the construction 由于 … 所以 …, 由于 is a conjunction. It shows the cause of or reason for a thing or an event, and usually occurs in the first clause of a compound sentence. 所以, 因此 or 因而 is sometimes used at the beginning of the second clause. This construction is mostly used in written language.

例如：

（1）由于他常常锻炼身体，所以很少得病。

（2）放在水中的物体，由于受到水的浮力，所以变轻了。

（3）由于汽水中的二氧化碳把身体里的热量带了出来，因此人们喝了汽水觉得凉快。

（4）由于空气有重量，因而地球周围的大气对任何物体都有压力。

"由于"也可以单用。

由于 can be used alone.

例如：

（5）由于天气不好，今天我们不去公园玩了。

（6）由于他学习很努力，这次考试考得不错。

"由于"又是介词，构成介词结构作状语，表示原因，它的宾语多是名词结构。

由于, a preposition, can have a nominal object in most cases, and functions as an adverbial of reason.

例如：

（7）由于他的努力，这件事办得很顺利。

（8）由于天气的突然变化，她又感冒了。

3. "既然……就……" 格式

The construction 既然 ... 就 ...

"既然"是连词，用于复句的前一分句，提出已成为现实的或已肯定的前提，后一分句根据这个前提推出结论。后面的句子常用"就、也"等呼应。如果是反问语气，可用"还"、"为什么"等呼应。

In the construction 既然 ... 就 ... meaning "since ... then ...", 既然 is a conjunction, and is usually found in the first clause of a complex sentence showing a prerequisite, with 就 or 也 occuring in the second clause. If the second clause is a rhetorical question, the interrogative pronoun 为什么 or the adverb 还 is used instead of 就.

例如：

（1）你既然觉得不舒服，就回宿舍休息吧。

（2）你既然游览过那个地方，就给大家介绍介绍吧。

（3）既然下大雨了，我也不去商店了。

（4）既然累了，你还不快去休息！

（5）既然铁块在水中受到向上的浮力，为什么还会下沉呢？

练习 Exercises

1. 用"由于……所以（因此、因而）……"格式回答问题：

Answer the following questions, using the construction 由于 ... 所以（因此，因而）:

（1）为什么空气对任何物体都有压力？

（2）为什么人感觉不到大气的压力呢？

（3）洗过的衣服，为什么夏天比冬天干得快？

（4）夏天，人们为什么喜欢喝汽水？

（5）为什么站在三音石上拍一下手，可以听到几次反射回来的声音？

（6）冬天，为什么中国北方和南方的气温相差很大？

2. 完成句子：

Complete the following sentences:

（1）既然病了，你就 ＿＿＿＿＿＿＿＿＿。

（2）既然天气不好，我们就 ＿＿＿＿＿＿＿＿＿。

（3）既然你不休息，我们也 ＿＿＿＿＿＿＿＿＿。

（4）既然你没有去过桂林和黄山，还 ＿＿＿＿＿＿＿＿？

（5）既然大气压力那么大，我们怎么 ＿＿＿＿＿＿＿＿？

（6）你既然已经买了电脑，为什么 ＿＿＿＿＿＿＿＿？

3. 回答问题：

Answer the following questions:

（1）什么叫大气压力？

（2）标准大气压力有多大？我们身上受到多大的大气压力？

（3）我们为什么感觉不到大气的压力呢？

（4）大气压力是怎么产生的？

第七课 LESSON 7　月球上为什么没有生命

 **课文** Text

月球上有没有生命？人们很早以前就很关心这个问题。世界各国的科学家，进行了很多年的探索和研究。一直到 1969 年，人登上了月球，这个问题才得到解决。

月球上是没有生命的。那儿不但没有人，而且也没有别的生物。

为什么生物不能在月球上生存呢？我们分析一下月球上的条件就清楚了。

月球上温度变化很大：白天温度可以高达 127 ℃；夜间温度下降到 –183 ℃。昼夜温度相差 300 多摄氏度，温度变化这么大，生物是不可能生存的。

再分析一下别的条件。我们知道，不管什么生物，都离不开空气和水。经过探索，科学家发现，月球上是不存在大气层的。月球的质量比地球小得多，只有地球的 1/81，所以它的吸引力就比较弱。月球表面的万有引力只有地球的 1/6，没有足够强的引力吸引住周围的大气。如果月球周围存在过大气层，那它在很久以前就已经飘移到宇宙空间里去了。

月球上也不存在开放的水——海洋、湖泊和河流。如果有，水也会在灼热的太阳照射下蒸发掉，而月球是没有足够强的吸引力来吸住水蒸气的。因此，即使月球上曾经有过水，到现在为止，也早已全部跑掉了。

月球上既没有空气，也没有水。在这种环境下，任何生物都不可能生存。

生词 New Words

1. 月球（名）	yuèqiú	moon
2. 生命（名）	shēngmìng	life
3. 关心（动）	guānxīn	to be interested in
4. 科学家（名）	kēxuéjiā	scientist
5. 探索（动）	tànsuǒ	to explore, to probe
6. 研究（动）	yánjiū	to research, to study
7. 一直（副）	yìzhí	till
8. 登（动）	dēng	to ascend
9. 解决（动）	jiějué	to solve

10. 不但（连）	búdàn	not only
11. 而且（连）	érqiě	but also
12. 生物（名）	shēngwù	living thing
13. 生存（动）	shēngcún	to exist, to survive, to live
14. 条件（名）	tiáojiàn	condition
15. 变化（动、名）	biànhuà	to change; change
16. 昼夜（名）	zhòuyè	day and night
17. 不管（连）	bùguǎn	no matter (what, how, etc.)
18. 离开（动）	líkāi	to be away from
19. 经过（动、名）	jīngguò	to pass, to go through; process
20. 存在（动、名）	cúnzài	to exist; existence
21. 质量（名）	zhìliàng	mass, quality
22. ……分之……	...fēnzhī...	formula for a fraction
23. 弱（形）	ruò	weak
24. 强（形）	qiáng	strong, powerful
25. 曾经（副）	céngjīng	ever, once
26. 飘移（动）	piāoyí	to drift
27. 宇宙（名）	yǔzhòu	universe, cosmos
28. 空间（名）	kōngjiān	space
29. 开放（动）	kāifàng	to be open
30. 海洋（名）	hǎiyáng	seas and oceans
31. 湖泊（名）	húpō	lakes
32. 河流（名）	héliú	rivers
33. 灼热（形）	zhuórè	scorching hot
34. 照射（动）	zhàoshè	to shine
35. 掉（动）	diào	*complement of result used after a verb to show the completion of an action*
36. 为止（动）	wéizhǐ	up to, until
37. 已（副）	yǐ	already
38. 全部（形）	quánbù	whole, all
39. 既……也……	jì...yě...	both ... and ...

1. 蒸发掉

动词"掉"在这里表示离开。

The verb 掉 is used here to mean "to depart from".

2. 生存下去

"下去"在这里表示动作的继续。

下去 here indicates the continuation of an action.

语法 Grammar

1. "不但……而且……" 格式
The construction 不但 … 而且 …

"不但"跟"而且"搭配，构成"不但……而且……"格式，表示递进关系。"不但"用在递进复句的前一分句里，"而且"用在后一分句里，引出更进一层的意思。

The construction 不但 … 而且 … shows a progressive relation between what follows 不但 and 而且.

例如：

（1）月球上不但没有人，而且也没有别的生物。

（2）月球上不但没有空气，而且也没有水。

（3）北京的冬天不但很冷，而且常常刮北风。

（4）物体不但在液体里受到浮力，而且在气体里也受到浮力。

（5）他不但在中国有名，而且在外国也很有名。

2. "不管……都……" 格式
The construction 不管 … 都 …

"不管"基本上同"不论"，后面带任指性的疑问代词或选择性词语，表示在任何条件下结果或结论都一样，多用于口语。常与"都、也"配合着用，构成"不管……都（也）……"格式。

The conjunction 不管, which is common in spoken language, has the same usage as 不论. 不管 is used in clauses with interrogative pronouns showing indefiniteness or in clauses consisting of parallel alternatives. Normally, the adverb 都 or 也 is used with it to form the construction 不管 … 都（也）…, emphasizing that certain results will remain unchanged whatever the circumstances.

例如：

（1）我们不管做什么工作，都应该努力做好。

（2）她不管怎么忙，每天都去健身房锻炼。

（3）放了假，不管你去哪儿旅游，我也跟你一起去。

（4）那个电影，不管中国人还是外国人，都非常喜欢看。

（5）不管天气热不热，我都要去。

3. "既……也（又）……" 格式

The construction 既 ... 也（又）...

"既……也（又）……"表示两种情况或性质同时存在。后一分句有进一步补充说明的作用。

The construction 既 ... 也（又）... is often used to connect elements which share the same importance, showing that these two things or states exist at the same time, but that the second element is in fact a complement of the first.

例如：

（1）学习汉语，既要练习听和说，也要练习读和写。

（2）他既会说英语，也会说法语。

（3）月亮上既没有水，也没有空气。

（4）我既没有去过桂林，又没有去过黄山。

（5）他既没有来过我这儿，我也没有去过他那儿。

4. 曾经

The adverb 曾经

副词"曾经"表示从前有过某种动作、行为或情况，常用在动词、形容词前。动词、形容词后一般带"过"，有时带"了"。

The adverb 曾经 indicates that something occurred in the past or that a certain state of affairs happened in the past, and is often put before the verb or adjective in a sentence. Usually, 过 comes after the verb or adjective, but sometimes 了 is used instead of 过.

例如：

（1）她小时候曾经学过芭蕾舞。

（2）他一年前曾经来中国旅游过。

（3）我曾经跟他一起工作过三年。

（4）她曾经给我发来了两封电子邮件。

（5）前几天北京也曾经这么热过，这几天又凉快了。

练习 Exercises

1. 用"不但……而且……"格式完成句子：

Complete the following sentences with 不但 ... 而且 ...:

（1）月球上不但没有空气，＿＿＿＿＿＿＿＿。

（2）人＿＿＿＿＿＿＿＿，而且也离不开水。

（3）中国北方夏季不但很热，＿＿＿＿＿＿＿＿。

（4）水蒸发的快慢不但跟温度有关系，_____。

（5）天坛公园不但风景优美，_____。

2. 用"不管……都……"格式改写下列句子：

Rewrite the following sentences using 不管 … 都 …:

（1）你任何时候来我这儿，我都欢迎。

（2）学习任何一种语言，都要多听、多说、多读和多写。

（3）汉语很难，我一定坚持学习下去。

（4）坐飞机或者坐火车，今天都能到达上海。

（5）北京的景点很多，我都要去看一看。

3. 用"既……也（又）……"格式回答问题：

Answer the following questions with 既 … 也（又）…:

（1）他是你们的老师，还是你们的朋友？

（2）月球上有水和空气吗？

（3）你喜欢打篮球还是喜欢踢足球？

（4）他会说法语还是会说英语？

（5）北京的秋天怎么样？

4. 把"曾经"放在下列句子的适当位置上：

Find the proper position in the following sentences for 曾经:

（1）我以前来过中国两次。

（2）我跟他在一个学校里学习过。

（3）这个故事我们听老师讲过。

（4）我给爸爸、妈妈寄去了一个包裹。

（5）我们班的同学参观过北京的四合院。

5. 回答问题：

Answer the following questions:

（1）月球上温度变化大吗？

（2）月球上有大气层吗？为什么？

（3）月球上有开放的水吗？为什么？

（4）月球上为什么没有生命？

第八课 LESSON 8 速　算

（一）

74 乘以 76 等于多少呢？不用笔算，你能立刻说出答案来吗？

我们先分析一下，74 和 76 这两个数有什么特点。第一，这两个数的十位数字相同；第二，个位数字的和是 10。只要符合这两个条件的两个数相乘，就可以进行速算：

用十位数字乘以比它大 1 的数，就是 7×8 = 56。

再用两数的个位数字相乘，就是 4×6 = 24。

最后，把两个乘积写在一起，就是 74 乘以 76 的答案 5624。

（二）

37 这个数是个非常奇妙的数。要是用 3 去乘它，就等于 111；要是用 6 去乘它，就等于 222；用 9 去乘它，就是 333。那么，请你迅速回答下面的问题：

要是用 18 去乘 37 的话，这两个数的乘积等于多少呢？用 27 去乘 37，乘积又等于多少呢？

只要利用 37 这个数的奇妙性质，找出规律来，就可以迅速说出这两个问题的答案来。

我们已经知道：

$$37 \times 3 = 111$$
$$37 \times 6 = 222$$
$$37 \times 9 = 333$$

同样：

$$37 \times 12 = 444$$
$$37 \times 15 = 555$$
$$\cdots\cdots$$

不难看出：6 是 3 的 2 倍，答案就是 222；9 是 3 的 3 倍，答案就是 333；12 是 3 的 4 倍，答案就是 444；……18 是 3 的 6 倍，27 是 3 的 9 倍，显然，答案分别就是 666 和 999。

（三）

再介绍一种用 11 乘两位数的方法：

把两位数字分开，再把它们的和插到中间去，就可以迅速得到所求的结果。例如：

$$24 \times 11$$

首先，把 24 拆开成 2……4，然后把 2 加 4 这个和（2 + 4 = 6）插到中间去，得 264。这就是说

$$24 \times 11 = 264$$

如果两位数加起来的和是一个两位数，那怎么办呢？

例如：

$$67 \times 11, \; 6 + 7 = 13$$

首先把 67 拆成 6……7，再把 6 和 7 加起来这个和（6 + 7 = 13）插到中间去，成 6（13）7。然后让 3 留在原位，而把 1 加到 6 上去，如此得 737。这就是说，

$$67 \times 11 = 737$$

用 11 去乘任何两位数，这类速算题，只要稍加练习，就能很快地说出结果来。

生词 New Words

1.	速算（名、动）	sùsuàn	quick method of calculation; calculate in a quick way
2.	乘以（动）	chéngyǐ	to be multiplied by
3.	笔算（名、动）	bǐsuàn	written calculation; calculate in written form
4.	能够（能愿）	nénggòu	can, to be able to
5.	答案（名）	dá'àn	answer
6.	数（名）	shù	number
7.	十位（名）	shíwèi	ten's place
8.	相同（形）	xiāngtóng	the same
9.	数字（名）	shùzì	numeral
10.	个位（名）	gèwèi	unit's place
11.	和（名）	hé	sum
12.	只要（连）	zhǐyào	so long as, provided that
13.	符合（动）	fúhé	to tally with, to be in keeping with, to fit with
14.	相乘（动）	xiāngchéng	to multiply
15.	乘积（名）	chéngjī	product
16.	要是（连）	yàoshi	if

17. 乘（动）	chéng	to multiply
18. 那么（连）	nàme	then
19. 迅速（形）	xùnsù	speedy, quick
20. 下面（名）	xiàmiàn	below, the following
21. ……的话（助）	…dehuà	if, suppose, in case
22. 利用（动）	lìyòng	to use, to exploit
23. 性质（名）	xìngzhì	quality, characteristic
24. 规律（名）	guīlǜ	law, pattern
25. 倍（量）	bèi	times
26. 显然（形）	xiǎnrán	obvious, evident
27. 分别（副、动）	fēnbié	respectively; to be apart
28. 位（名）	wèi	place, figure, digit
29. 方法（名）	fāngfǎ	method, way
30. 分开（动）	fēnkāi	to separate, to part
31. 插（动）	chā	to insert
32. 求（动）	qiú	to evaluate, to find
33. 结果（名）	jiéguǒ	result, answer
34. 例如（动）	lìrú	for instance, for example
35. 拆开（动）	chāikāi	to take apart
36. 加（动）	jiā	to add, plus
37. 留（动）	liú	to remain, to stay
38. 原位（名）	yuánwèi	original position
39. 题（名）	tí	problem
40. 稍加（副）	shāojiā	a little, a bit, slightly

 **Notes**

1. 要是用 3 去乘它

　　"去"用在另一动词的前面，可以表示要做某事。

　　去 is used before a verb to show an intention of doing something.

2. 要是用 18 去乘 37 的话

　　"的话"用在假设复句的前一个分句的后面，常跟"如果"、"要是"等连词配合用。

　　The particle 的话, placed at the end of a subordinate clause in a suppositive compound sentence, is often used with the conjunctions 如果 or 要是.

3. ……又等于多少呢?

　　副词"又"（1）在这里加强疑问语气。

　　The adverb 又 (1) here intensifies interrogation.

语法 Grammar

1. "只要……就……" 格式

The construction 只要 … 就 …

"只要"用在前一分句（偏句），指出所需要的条件，后一分句（正句）常用"就"呼应，构成"只要……就……"格式。这种格式说明，具备了某一条件，就能产生所说的结果，但不排除其它条件也能产生同样的结果。

只要 is used in the first clause of a compound sentence to introduce the condition necessary to obtain the result expressed in the second clause, which is introduced by 就. The construction 只要 … 就 … does not exclude other conditions which can bring about the same result.

例如：

（1）只要你努力学习，就一定能学好。

（2）只要吃点儿药，休息几天，你的病就会好的。

（3）只要物体的重量比它受到的浮力大，物体就会沉到水底。

（4）只要了解了某些数的性质，找出规律来，就能进行速算。

（5）只要站在三音石上鼓一下掌，就能听到几次回音。

2. "要是……就……" 格式

The construction 要是 … 就 …

"要是"是连词，表示假设，常跟"就"搭配，构成"要是……就……"格式。"要是"后面可以加"的话"，强调假设的语气。

要是 is a conjunction, indicating supposition. It often occurs in the first clause of a compound sentence, with 的话 sometimes being put at the end of that clause. 就 is mostly found in the second clause.

例如：

（1）要是明天下雨，我们就不去参观了。

（2）你要是有时间的话，请到我们这里来玩儿。

（3）要是以后再有足球比赛，请你告诉我。

（4）要是找出 68 和 62 这两个数的特点，就可以立刻说出它们的乘积来。

（5）要是用 18 去乘 7 的话，应该等于多少呢？

3. 连词"那么"

The conjunction 那么

连词"那么"用来连接句子，在后一分句的句首，表示承接上文的假设或前提，引出下文的结果或判断。偏句常有"如果、既然、要是"等呼应。

The conjunction 那么, placed at the beginning of the second clause to link two clauses, means "from the aforementioned supposition or prerequisite one can draw the following conclusion or judgement". 如果, 既然 or 要是 often occur in the first clause.

例如:

（1）你去的话，那么我也去。

（2）如果手术做得很好，那么他会很快出院的。

（3）你既然学习过汉语专业，那么就给我们代表团当翻译吧。

（4）要是还在下大雨，那么飞机不会准时起飞。

练习 Exercises

1. 用"只要……就……"格式完成句子:

Complete the following sentences with the construction 要是 ... 就 ... :

（1）月球上为什么没有生命呢？只要看一看月球上的条件，_____。

（2）只要了解了 76 和 74 这两个数的特点，_____。

（3）只要物体的重量跟水的浮力相等，_____。

（4）只要站在三音石上拍一下手，_____。

（5）_____，我就跟中国人说汉语。

2. 用"要是……就（那么）……"格式把意义有关的词语连成一个句子:

Make sentences with 要是 ... 就（那么）... following the given example:

例：有事　　　　　　打电话

你要是有事，就给我打电话。

（1）去书店　　　　　　跟你一起去

（2）看见阿尔玛　　　　买一本《汉英词典》

（3）有时间　　　　　　换一件

（4）不喜欢这件衣服　　去医院看朋友

（5）放了假去旅游　　　告诉她有时间来我这儿玩儿

3. 用"要是……的话，就……"格式改写句子:

Rewrite the following sentences with 要是 ... 的话, 就 ... :

（1）了解了 37 这个数的奇妙性质，可以很快说出 37 乘 18 的答案来。

（2）把一些二氧化碳压入水中，水变成了汽水。

（3）物体沉到水底，说明物体的重量比它受到的浮力大。

（4）水蒸气受冷会变成水。

（5）月球上即使有水，当温度很高时也会立刻变成水蒸气蒸发掉。

4．回答问题：

Answer the following questions:

（1）76 和 74 这两个数有什么特点？

（2）写出几组具有这些特点的数：

76					
74					

（3）对上表中的几组数进行速算，并说明是怎样计算的。

（4）为什么说 37 是个奇妙的数？

（5）请迅速说出 37×15，37×21，37×24 的答案来，并说明是怎样算出来的。

（6）请迅速说出 34×11，45×11，37×11 的答案来，并说明是怎样算出来的。

第九课 LESSON 9

美术砖与蜂巢

课文 Text

铺地的美术砖和蜜蜂的蜂巢，都跟数学中的正六边形有关系。

铺地的美术砖不是正方形的，就是正六边形的（如图9-1）。这是为什么呢？

在正多边形中，只有用正三角形、正方形或正六边形的美术砖铺地，才能铺满一个平面，中间没有空隙。因为正三角形的一个角等于60°，六个正三角形拼在一起时，在公共顶点上的六个角之和等于360°。正六边形的一个角等于120°，三个正六边形拼在一起时，在公共顶点上的三个角之和也等于360°。

图 9-1

要是用别的正多边形，就不能达到这个要求。例如，正五边形的一个角等于108°，把三个正五边形拼在一起，在公共顶点上的三个角的和是108° × 3 = 324°。小于360°，有空隙。而空隙处又放不下第四个正五边形，因为108° × 4 = 432°，大于360°。

另外，正三角形拼在一起，不如正方形或者正六边形拼在一起好看。所以，一般要用正方形或正六边形的美术砖铺地。

如果你看见过蜜蜂的蜂巢，一定会发现：蜂巢是由许许多多大小相同的正六边形构成的（如图9-2）。蜂巢做成正六边形的有什么好处呢？我们比较一下正三角形、正方形和正六边形的面积。经过计算可以知道：在周长相同的正多边形中，正六边形的面积为最大。原来，蜜蜂把自己的蜂巢做成六边的结构，既节省了蜂蜡，

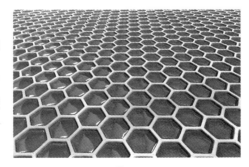

图 9-2

又使蜂巢的空间很大。这真是大自然的奇迹啊！

正六边形还有一个特点：它有六条对称轴（图9-3），因此，经过各式各样的旋转而不改变形状。

在晶体、雪花中都发现了六边形的结构。更使天文学家兴奋的是：在外层空间中观察到了六边形的物质。

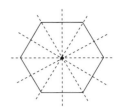

图 9-3　正六边形的六条对称轴

生词 New Words

1.	美术砖（名）	měishùzhuān	decorative tile
2.	美术（名）	měishù	the fine arts, art
3.	砖（名）	zhuān	tile, brick
4.	蜂巢（名）	fēngcháo	honeycomb
5.	铺（地）（动）	pū(dì)	to pave (floor)
6.	蜜蜂（名）	mìfēng	honeybee
7.	正（六边形）	zhèng(liùbiānxíng)	regular (hexagon)
8.	六边形（名）	liùbiānxíng	hexagon
9.	不是……就是……	búshì…jiùshì…	either... or...
10.	正方形（名）	zhèngfāngxíng	square
11.	多边形（名）	duōbiānxíng	polygon
12.	三角形（名）	sānjiǎoxíng	triangle
13.	只有（连）	zhǐyǒu	only
14.	满（形）	mǎn	full
15.	平面（名）	píngmiàn	plane
16.	空隙（名）	kòngxì	gap
17.	角（名）	jiǎo	angle
18.	拼（动）	pīn	to put together
19.	公共（形）	gōnggòng	common
20.	顶点（名）	dǐngdiǎn	vertex
21.	达到（动）	dádào	to reach, to attain
22.	要求（动、名）	yāoqiú	to require; requirement
23.	五边形（名）	wǔbiānxíng	pentagon
24.	不如（动）	bùrú	not as good as
25.	许多（形）	xǔduō	many, much, a lot of
26.	大小（名）	dàxiǎo	big or small, size
27.	构成（动）	gòuchéng	to form, to compose
28.	好处（名）	hǎochu	benefit, advantage
29.	周长（名）	zhōucháng	perimeter, girth, circumference

30. 计算（动）	jìsuàn	to compute, to calculate
31. 节省（动）	jiéshěng	to save
32. 蜂蜡（名）	fēnglà	beeswax
33. 自然（名、形、副）	zìrán	nature; natural; naturally
34. 奇迹（名）	qíjì	miracle, marvel
35. 对称（形）	duìchèn	symmetry
36. 轴（名）	zhóu	axis
37. 各式各样	gèshì-gèyàng	all kinds of, various
38. 旋转（动）	xuánzhuǎn	to turn, to revolve, to rotate
39. 改变（动）	gǎibiàn	to change
40. 形状（名）	xíngzhuàng	shape
41. 晶体（名）	jīngtǐ	crystal
42. 雪花（名）	xuěhuā	snowflake
43. 天文学家（名）	tiānwénxuéjiā	astronomer
44. 兴奋（形）	xīngfèn	to be excited
45. 外层（名）	wàicéng	outer
46. 观察（动）	guānchá	to observe, to examine
47. 物质（名）	wùzhì	substance

 注 释 Notes

1. 放不下

"下"在"放得／不下"中做可能补语，表示能／不能容纳一定的数量。

As a potential complement, 下 usually indicates the capacity to hold certain things when used in this construction.

2. 许许多多

"许许多多"是形容词"许多"的重叠形式，强调数量多。

许许多多 is the reduplicative form of the adjective 许多, emphatically indicating "a great many or a large number of".

3. 经过各式各样的旋转而不改变形状

"而"，连接状语和动词，表示方式。

而 is a conjunction which is used to attach the element to a verb, indicating means.

语法 Grammar

1. "不是……就是……" 格式

The construction 不是 … 就是 …

"不是……就是……"这个格式，表示只有两种可能，二者必居其一。

The construction 不是 … 就是 … means "either … or …", indicating there are only two alternatives to be chosen from.

例如：

（1）他今天没来上课，不是生病了，就是有事。

（2）我的朋友不是星期六晚上来，就是星期天上午来。

（3）安东尼不是去商店买东西了，就是去操场踢足球了。

（4）铺地的美术砖不是正方形的，就是正六边形的。

有时这个格式只是借用两个例子来说明某种情况，并不一定强调只有两种可能。

Sometimes this construction is just used to show an existing state or condition, and does not necessarily emphasize that there are only two possibilities.

例如：

（5）他学习非常努力，每天晚上不是看书，就是听录音。

（6）这几天不是刮风，就是下雨。

2. "只有……才……" 格式

The construction 只有 … 才 …

"只有"是连词，表示特定的唯一条件，后面多用副词"才"呼应，构成"只有……才……"格式。这种格式说明，如果没有所说的条件，就不可能产生所说的结果。

只有 here is a conjunction, and 才 is an adverb. In the construction 只有 … 才 …, what follows 只有 is the only necessary condition and what follows 才 is the conclusion or result of this condition. The construction shows that the conclusion or result can't occur without the former condition.

例如：

（1）只有坐飞机，今天才能到达上海。

（2）只有多听、多说、多读、多写，才能学好汉语。

（3）只有到了秋天，才能看到香山的红叶。

（4）只有把蜂巢做成六边形的结构，才能使蜂窝的面积最大。

（5）只有了解了数的特点，找出规律来，才有可能进行速算。

3. 不如

The verb 不如

　　"不如"是动词，在句中可以作谓语。

　　"A 不如 B"的意思通常是"A 没有 B 好"。

　　不如, a verb, can act as a predicate. "A 不如 B" means "A is not as good as B" in general.

　　例如：

　　（1）我说的汉语不如你。

　　（2）看电视不如看电影。

　　在"B"后还可以明确说出比较的方面。

　　The matter or aspect compared with can be clearly given immediately after B.

　　例如：

　　（3）这个教室不如那个教室大。

　　（4）我的身体不如他好。

　　（5）我念得不如她流利。

　　（6）这本小说不如那本写得好。

　　（7）正三角形的美术砖拼在一起，不如正方形的或者正六边形的好看。

练习 Exercises

1. 用"不是……就是……"格式改写句子：

　　Rewrite the following sentences with 不是 … 就是 …：

　　（1）阿尔玛住在 405 或 415。

　　（2）下星期我们去动物园或者中山公园。

　　（3）他从早到晚或者看书，或者写东西。

　　（4）铺地的美术砖或者是正方形的，或者是正六边形的。

　　（5）他可能坐火车来，也可能坐飞机来。

2. 用"只有……才……"格式完成句子：

　　Complete the following sentences with 只有 … 才 …：

　　（1）只有努力学习，＿＿＿＿＿＿＿。

　　（2）＿＿＿＿＿＿＿，他才会来。

　　（3）只有把蜂巢做成正六边形的结构，＿＿＿＿＿＿＿。

　　（4）只有物体的重量等于它所受到的浮力，＿＿＿＿＿＿＿。

　　（5）＿＿＿＿＿＿＿，才能迅速说出 37×18 的乘积来。

3. 用"不如"改写下列句子：

Rewrite the following sentences with 不如：

（1）用正方形的或者正六边形的美术砖铺地比用正三角形的好看。

（2）他为什么比别的同学算得快呢？

（3）他汉语说得比我流利。

（4）洗过的衣服在阳光下要比在屋子里干得快。

（5）冬季中国北方比南方冷得多。

4. 回答问题：

Answer the following questions：

（1）在正多边形的美术砖中，有哪几种可以用来铺地？

（2）为什么只有这三种砖才能用来铺地？

（3）为什么正五边形的砖不能用来铺地？

（4）为什么人们喜欢用正方形的或者正六边形的砖来铺地？

（5）在周长相同的正多边形中，哪种正多边形面积最大？

（6）蜜蜂为什么把蜂巢做成正六边形的结构？

第十课 LESSON 10 水压机的工作原理

 **Text**

　　水压机能把几百吨重的钢锭压成各种形状的零件。为什么它能产生那么大的压力呢？

　　因为水压机是运用液体传递压强的规律制成的。这个规律告诉我们：加在密闭容器里的液体上的压强，能够按照原来的大小，由液体向各个方向传递。

　　水压机的基本工作原理可以用图 10-1 来说明：

　　水压机里有两个带活塞的圆筒，大小不同，底部互相连通，圆筒里充满液体。我们可以把这样的两个圆筒看成是一个密闭的容器。如果小活塞的横截面积是 2 厘米²，大活塞的横截面积是 200 厘米²，加在小活塞上的力是 10 牛顿，那么液体对大活塞能够产生多大的力呢？

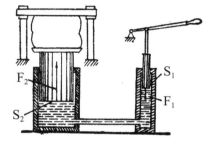

图 10-1

　　小活塞的面积 S_1 = 2 厘米²，加在小活塞上的力 F_1 = 10 牛顿，所以小活塞对液体的压强是：

$$P_1 = \frac{F_1}{S_1} = \frac{10\ 牛顿}{2\ 厘米^2} = 5\ 牛顿/厘米^2$$

　　这个压强，按照它原来的大小，由液体传递到大活塞上。也就是说，液体对大活塞的压强 P_2 也是 5 牛顿/厘米²。大活塞的面积 S_2 = 200 厘米²，所以在大活塞上产生的力是：

$$F_2 = P_2 S_2 = 5\ 牛顿/厘米^2 \times 200\ 厘米^2 = 1000\ 牛顿$$

　　可以看出，大活塞的横截面积是小活塞的几倍，作用在大活塞上的力就是作用在小活塞上的力的几倍。这样，我们在小活塞上加一个比较小的力，就可以在大活塞上得到很大的力。这就是水压机的工作原理。

　　根据上述原理，要得到巨大的压力，一个办法是把大活塞的面积加大，另一个是增大小活塞的压强。单纯用第一个办法不行，因为大活塞没有办法制造得非常大；单纯采用第二个办法也不行，因为容器里的水压强太大，就会把容器挤破。那怎么办呢？

　　万吨水压机采用了六个工作缸，这样大活塞的总面积就比较大了；每个缸里水的压强都是 350 个大气压。这样的高压水又是怎样得来的呢？水压机所用的工作水来源于互相连通的低压容器和水箱，里面的压强为大气压强。低压水进入高压水泵，经过加压后进入高压容器。再利用空气压缩机加压，推动其流入主缸和升降缸。加压后的水就变成了压强为 350 个大气压的高压水。

生词 New Words

1.	水压机（名）	shuǐyājī	hydraulic press
2.	原理（名）	yuánlǐ	principle
3.	吨（量）	dūn	tonne
4.	钢锭（名）	gāngdìng	steel ingot
5.	各种（形）	gèzhǒng	all sorts of, all varieties of
6.	零件（名）	língjiàn	spare part, workpiece
7.	运用（动）	yùnyòng	to use, to apply
8.	传递（动）	chuándì	to transmit
9.	压强（名）	yāqiáng	intensity of pressure, pressure
10.	制（动）	zhì	to make
11.	密闭（动）	mìbì	to be hermetic, to be airtight
12.	容器（名）	róngqì	vessel
13.	按照（介）	ànzhào	according to
14.	方向（名）	fāngxiàng	direction
15.	活塞（名）	huósāi	piston
16.	圆筒（名）	yuántǒng	cylinder
17.	连通（动）	liántōng	to connect
18.	充满（动）	chōngmǎn	to be full of
19.	看成（动）	kànchéng	to consider as
20.	横截面积	héngjiémiànjī	cross sectional area
21.	根据（介）	gēnjù	on the basis of, according to
22.	上述（形）	shàngshù	above-mentioned
23.	巨大（形）	jùdà	huge, tremendous
24.	办法（名）	bànfǎ	way, means
25.	加大（动）	jiādà	to increase
26.	增大（动）	zēngdà	to increase, to add
27.	单纯（形）	dānchún	pure, simple
28.	采用（动）	cǎiyòng	to introduce, to employ
29.	破（动、形）	pò	to break; broken
30.	缸（名）	gāng	jar
31.	总（形、副）	zǒng	general, total
32.	高压（名）	gāoyā	high pressure
33.	来源（动、名）	láiyuán	to originate; source, origin

34. 低压（名）	dīyā	low pressure
35. 加压（动）	jiāyā	to increase in pressure
36. 进入（动）	jìnrù	to enter, to get into
37. 压缩机（名）	yāsuōjī	compressor
38. 压缩（动）	yāsuō	to compress
39. 流入（动）	liúrù	to flow into
40. 主缸（名）	zhǔgāng	master cylinder
41. 升降机（名）	shēngjiàngjī	elevator, lift

注释 Notes

1. 由液体向各个方向传递

   介词"由"（1）在这里引进施动者。

   The preposition 由 (1) can introduce the agent of an action.

2. 把这样的两个圆筒看成是一个密闭的容器

   "把……看成……"意思是"把……当作……"、"把……认定为……"。

   把 … 看成 … means "take … as …" or "consider … as …".

3. 水压机所用的工作水来源于……

   介词"于"（2）引进来源、起点，相当于"从"、"自"。

   The conjunction 于 (2) is used to show a source or starting point, and functions like 从 or 自.

语法 Grammar

1. 按照

The preposition 按照

   "按照"是介词，表示遵从某种标准。由"按照"和它的宾语组成的介词结构在句子里作状语。

   The preposition 按照 means "according to". A prepositional phrase formed by 按照 and its object acts as an adverbial modifier in a sentence.

   例如：

   （1）按照老师说的，他把生词写了三遍。

   （2）水压机是按照液体传递压强的规律制成的。

   （3）按照他昨天离开北京的时间算，现在该到上海了。

   （4）按照他说的方法算这道题，很快就得出了答案。

（5）请您按照这件衣服的大小给我做一件。

2. 根据

The preposition 根据

"根据"是介词，用来介绍出借以得出某种论断的依据。"根据"所带的宾语可以是一般抽象的双音节名词，也可以是表示动作意义的双音节名词。

The preposition 根据 is used to introduce a basis for certain judgements. Its object is either an abstract disyllabic noun or a disyllabic noun showing an action.

例如：

（1）根据化验的结果，大夫说她的病比较重。

（2）月球上有没有生命呢？根据月球上的条件，我们可以得出答案：月球上是没有生命的。

（3）根据37这个数的奇妙性质，可以立刻说出37×12的结果来。

（4）根据科学家的推算，我们每个人身上都受到1万多公斤的大气压力。

练习 Exercises

1. 用括号里的词完成句子：

Complete the following sentences with the words in parentheses:

（1）按照 _____，把刚来的学生分成五个班。（专业）

（2）我要按照 _____ 做一件衣服。（大小）

（3）天坛公园的回音壁是按照 _____ 建成的。（规律）

（4）同学们按照 _____ 又做了几道数学题。（方法）

（5）按照 _____，在路上见到朋友们时，常常问："你去哪儿？"（习惯）

2. 把意义相关的词组用线连接起来：

There are two groups of phrases below. Choose one phrase from group one and another from group two, then link them to make a sentence.

根据实验　　　　　　　　大夫说她得了感冒

根据化验结果　　　　　　我们知道标准大气压每平方厘米差不多1牛顿

根据我们的了解　　　　　我们知道北京冬季最低温度到过 –16℃

根据老师的介绍　　　　　北京现在有两千多万人口

根据我们的分析　　　　　我们能迅速说出37×27的答案来

根据37这个数的性质　　　86和84这两个数有两个特点

3. 回答问题：

Answer the following questions:

（1）水压机是利用什么规律制成的？

（2）液体传递压强的规律是什么？

（3）谈谈水压机的工作原理。

（4）怎样才能在水压机的大活塞上得到巨大的压力？

第十一课 堆放成等腰梯形的钢管总数
LESSON 11

 **Text**

　　我们有时会看到，粗细相同的钢管，堆放成等边三角形的形状（如图 11–1）。这样不仅美观，而且计算起来也非常方便。人们只要数一数最下边一层的根数，就能很快地计算出钢管的总数来。

　　假如最下层是 20 根，那么第二层就是 19 根，第三层就是 18 根，……第 20 层，也就是最上边一层是 1 根。人们不必一根一根地数，只要把最下面一层的根数加上 1，乘以层数，再除以 2，就能算出这堆钢管的总数是 210 根：

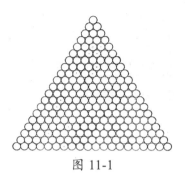

图 11-1

$$\frac{(20+1) \times 20}{2} = \frac{21 \times 20}{2} = 210 \text{（根）}$$

为什么按这个方法能计算出它的总数呢？

　　道理很简单。假如我们紧挨着这一堆钢管，再放上同样数量的一堆，只是次序跟原来的相反，也就是最上边一层是 20 根，最下边一层是 1 根。（如图 11–2）这样，两堆合在一起，每一层的根数都相

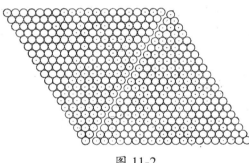

图 11-2

等，正好是原来一堆最下边一层的根数加上 1 的和：

$$20 + 1 = 21 \text{（根）}$$

　　而层数仍旧是 20，所以 21 乘以 20 得 420，就是这两堆钢管的总数。原来一堆钢管的总数就是这两堆总数的一半，所以要除以 2，得 210 根。

　　如果这堆粗细相同的钢管堆放成等腰梯形的形状（如图 11–3），比如，最上面一层有 7 根，下面每一层都比上面一层多 1 根，最下面一层是 20 根，那么，如何计算这堆钢管的总数呢？

　　首先推算出这堆钢管的层数。因为这堆钢管堆放得很整齐，而且有规律，所以只要将最下面一层的根数减

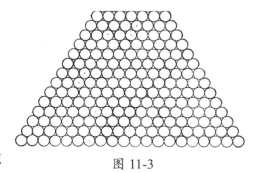

图 11-3

去最上面一层的根数，再加上 1，就能算出层数来。

$$20 - 7 + 1 = 14（层）$$

这堆钢管有 14 层。

粗细相同的钢管，无论是堆放成等边三角形的形状还是堆放成等腰梯形的形状，都可以用下列公式计算出钢管的总数来。

$$钢管总数 = \frac{(M+N) \times P}{2}（根）$$

上式中，M 表示最上面一层的根数，N 表示最下面一层的根数，P 表示层数。

根据上面的公式，这堆等腰梯形的钢管总数为：

$$\frac{(20+7) \times 14}{2} = 189（根）$$

生词 New Words

1.	钢管（名）	gāngguǎn	steel tube
2.	总数（名）	zǒngshù	total, sum total
3.	有时（副）	yǒushí	sometimes
4.	粗细（名）	cūxì	(degree of) thickness
5.	堆放（动）	duīfàng	to pile up
6.	等边（名）	děngbiān	equilateral
7.	不仅（连）	bùjǐn	not only
8.	美观（形）	měiguān	beautiful, pleasing to the eye
9.	方便（形、动）	fāngbiàn	convenient
10.	根（量）	gēn	*a measure word* (for long, thin objects)
11.	不必（副）	búbì	no need
12.	除以（动）	chúyǐ	to be divided
13.	算（动）	suàn	to calculate, to solve
14.	按（介）	àn	according to
15.	道理（名）	dàolǐ	reason
16.	堆（动、名、量）	duī	to heap; stack; *a measure word*
17.	假如（连）	jiǎrú	if
18.	挨（动）	āi	to be next to
19.	数量（名）	shùliàng	quantity
20.	只是（连、副）	zhǐshì	but; only
21.	次序（名）	cìxù	order, sequence
22.	仍旧（副）	réngjiù	remain the same, still
23.	得（动）	dé	to get, to obtain

24. 等腰梯形（名）	děngyāotīxíng	isosceles trapezium
25. 比如（动）	bǐrú	for example, for instance
26. 如何（代）	rúhé	how, what
27. 首先（副）	shǒuxiān	first
28. 推算（动）	tuīsuàn	to calculate
29. 整齐（形）	zhěngqí	in good order, tidy, regular
30. 将（介）	jiāng	*a preposition showing disposition, similar to* 把
31. 减去（动）	jiǎnqù	to deduct, to minus
32. 无论（连）	wúlùn	no matter what (how, who)
33. 下列（形）	xiàliè	following
34. 公式（名）	gōngshì	formula
35. 式（子）（名）	shì(zi)	formula
36. 表示（动）	biǎoshì	to show, to express, to indicate

 **Notes**

1. 一根一根地数

　　这里是数量词"一根"重叠作状语，表示动作的方式。

The reduplication of 一根 shows the manner of doing something.

2. 按这个方法……

　　介词"按"同"按照"。但"按照"后面的宾语不能是单音节词，"按"后面的宾语可以是单音节词。

The preposition 按 is equivalent to 按照. Monosyllabic words cannot be used as objects of 按照, but monosyllabic words can be used as objects of 按.

3. 将最下面一层的根数减去最上面一层的根数

　　介词"将"是"把"的意思，多用于书面语。

The preposition 将, mostly used in written Chinese, has the same meaning as 把 in this case.

 **Grammar**

1. "不仅……而且……"格式

The construction 不仅 … 而且 …

　　连词"不仅"用法同"不但"，常跟连词"而且、并且"或副词"还、也"等配合使用，构成"不仅……而且（并且、还、也）……"等格式，表示更进一层的意思。

　　The conjunction 不仅 has the same usage as 不但. Normally, the conjunctions 而且, 并且, or the adverbs 都 or 也, are used with it to form the construction 不仅 … 而且（并且, 还, 也）…,

expressing some further meaning.

例如：

（1）她不仅能用电脑打字，而且打得很快。

（2）不仅玛丽会唱中国民歌，而且安娜也会。

（3）这套衣服不仅样式好看，并且价钱便宜。

（4）她不仅去过日本，还在东京学过一年日语。

（5）我不仅去过黄山，也去过桂林。

2. "假如……那么……" 格式

The construction 假如 ... 那么 ...

连词"假如"跟"如果"一样，表示假设，但多用于书面语，常跟"那么、就"等搭配，构成"假如……那么（就）……"格式。

The conjunction 假如, which is common in written Chinese, has the same usage as 如果, introducing a suppositional condition. It is usually accompanied by 那么 or 就 etc., to form the construction 假如 ... 那么 (就)....

例如：

（1）假如把钢管堆放成等腰梯形的形状，那么可以很快计算出它的总数来。

（2）假如能买到飞机票，我今天就回国。

（3）假如有时间的话，我想去上海参观。

（4）假如你今天不来我这儿，我就要给你打电话了。

（5）假如你准备好了，我们明天早上六点钟就出发。

3. 只是

只是 as a conjunction or as an adverb

"只是"是连词，表示轻微的转折，意思重在前一分句，后一分句补充上文的意思。语气委婉，跟连词"不过"相近。

只是, a conjunction, is used in a compound sentence to introduce the second clause which expresses information additional to the first clause with a mildly adversative tone. In general, it functions like 不过.

例如：

（1）这件衣服很好看，只是贵了些。

（2）这本书我看过，只是太久了，内容记不清楚了。

（3）我很想再去几个景点看看，只是没有时间了。

（4）我们可以用正三角形的美术砖铺地，只是不如正方形或正六边形的美术砖好看。

"只是"也可作为副词，表示限定范围，前后常有说明情况或进一步解释的词语。

When used as an adverb, 只是 is to limit a certain scope, with phrases either before or after it (sometimes both) stating the conditions or making further explanations.

例如：

（5）我今天进城，只是去看看朋友，买点儿东西，没有别的事儿。

（6）我只是听说过万吨水压机，并没有看见过。

4. "无论……都……" 格式
The construction 无论 … 都 …

连词"无论"跟"不论"、"不管"一样，表示在任何条件下结果或结论都不会改变，但多用于书面语。后面有"都、也"等呼应，构成"无论……都（也）……"格式。

The conjunction 无论, which is used mostly in written language, has the same usage as 不论 or 不管. 无论 is used in clauses with interrogative pronouns showing indefiniteness, or in clauses consisting of parallel alternatives. Normally, the adverb 都 or 也 is used together with it to form the construction 无论 … 都（也）…, emphasizing that certain results will remain unchanged whatever the circumstances.

例如：

（1）无论生活在什么地方，谁都离不开阳光、空气和水。

（2）明天下午，你无论如何也要来一趟。

（3）无论把物体放在哪种流体里，它都会受到向上的浮力。

（4）宇宙中无论什么样的物质，都会受到万有引力的作用。

（5）无论把钢管堆放成等边三角形的形状还是等腰梯形的形状，都能很快地计算出钢管的总数来。

练习 Exercises

1. 用"不仅……而且（并且、还、也）……"格式把下列左右意义相关的两部分连接成一个句子：

Make sentences with 不仅…而且（并且，还，也）… by linking the relevant two parts given below:

（1）我们要学会用电脑打字　　　　　　　　会跳舞

（2）他是我们的老师　　　　　　　　　　有著名的回音壁和三音石

（3）她会唱歌　　　　　　　　　　　　要学会用电脑上网

（4）天坛公园风景优美　　　　　　　　是我们的朋友

（5）这家公司生产数码相机　　　　　　生产数码摄像机

2. 用"假如……那么（就）……"格式完成句子：

Complete the following sentences with 假如 … 那么（就）…：

（1）假如月球上曾经有开放的水，＿＿＿＿＿＿＿＿＿。

（2）假如地球周围没有大气层，＿＿＿＿＿＿＿＿＿。

（3）假如你把重量相同的铁块和木头放在水中称一称，＿＿＿＿＿＿＿。

（4）堆放成等边三角形的钢管，假如最下面一层是 25 根，＿＿＿＿＿＿＿。

（5）假如小活塞的横截面积是 5 厘米^2，加在小活塞上的力是 20 牛顿，＿＿＿＿＿＿

＿＿＿＿＿＿＿。

3. 用"只是"完成句子：

Complete the following sentences with 只是：

（1）这件衣服大小合适，＿＿＿＿＿＿＿。

（2）要游览的名胜古迹很多，＿＿＿＿＿＿＿。

（3）今天他的练习都做对了，＿＿＿＿＿＿＿。

（4）铁块在水里受到了浮力，＿＿＿＿＿＿＿，所以铁块就沉到水底去了。

（5）汽水跟水没有多大的不同，＿＿＿＿＿＿＿。

4. 用"无论……都（也）……"格式把下列左右意义相关的两部分连接起来组成一个句子：

Make sentences with 无论 ... 都（也）... by linking the relevant two parts given below：

（1）任何人来我们这里旅游　　　　　　　物体都会受到向上的浮力

（2）任何生命想生存下去　　　　　　　　物体都会受到地心引力的作用

（3）把物体放在任何地方　　　　　　　　都需要阳光、空气和水

（4）把物体放在液体里或者气体里　　　　我们都欢迎

5. 回答问题：

Answer the following questions：

（1）为什么人们要把粗细相同的钢管堆放成等边三角形或等腰梯形的形状？

（2）怎样计算堆放成等边三角形的钢管总数？为什么按这个方法能计算出它的总数？

（3）堆放成等边三角形的钢管，假如最下边一层是 50 根，你知道这堆钢管有多少根吗？

（4）怎样计算堆放成等腰梯形的钢管总数？假如这堆钢管最下边一层是 45 根，最上边

一层是 8 根，你知道这堆钢管有多少层吗？这堆钢管的总数是多少？

第十二课 LESSON 12　低温世界

课文 Text

　　一说到冷，人们常常会想起冰来。其实，水变成冰，只要温度到 0℃就可以了。最冷的时候，温度比 0℃要低得多呢！例如，在南极洲最冷的天气到过 –90℃。在月球上见不到阳光的那一面，可以冷到 –183℃。现在在实验室里，已经能制造出 –273℃的低温了。科学家认为，–273.15℃是冷的顶点。

　　在低温世界里，许多东西都改变了性质，出现了奇妙的变化：空气在 –192℃以下，就变成了液体；二氧化碳在 –75℃以下，会变成像雪一样的白色固体；在非常低的温度下，花儿会变得像玻璃那么脆，温度计里的水银变得跟钉子一样，可以钉到木头里去；将水银冷却到 –268.98℃时，水银的电阻会突然消失，变为 0，这样的物体称为超导体。

　　低温的用处很多。例如，在工业上，利用低温把空气变成液体，然后再慢慢提高温度，首先变成气体的是氮，以后，氧才变成气体，这样就可以得到氮气和氧气了。又如，超导体没有电阻，在电流通过时不会因为发热而损失电能，因此采用超导电线可以实现远距离无损耗输电，减少能源浪费。

生词 New Words

1.	低温（名）	dīwēn	low temperature, hypothermia
2.	冰（名）	bīng	ice
3.	其实（副）	qíshí	in fact
4.	实验室（名）	shíyànshì	laboratory
5.	认为（动）	rènwéi	to think, to consider
6.	出现（动）	chūxiàn	to appear, to arise
7.	像（动）	xiàng	to be like
8.	一样（形）	yíyàng	same, as … as …
9.	固体（名）	gùtǐ	solid
10.	玻璃（名）	bōli	glass
11.	脆（形）	cuì	fragile
12.	温度计（名）	wēndùjì	thermometer

13. 水银（名）	shuǐyín	mercury, quicksilver
14. 钉子（名）	dīngzi	nail
15. 钉（动）	dìng	to nail
16. 冷却（动）	lěngquè	to cool
17. 电阻（名）	diànzǔ	resistance
18. 消失（动）	xiāoshī	to disappear
19. 变为（动）	biànwéi	to change, to turn into
20. 超导体（名）	chāodǎotǐ	superconductor
21. 用处（名）	yòngchu	use
22. 工业（名）	gōngyè	industry
23. 提高（动）	tígāo	to raise
24. 氮（名）	dàn	nitrogen (N)
25. 氧（名）	yǎng	oxygen (O)
26. 如（动）	rú	such as, as
27. 电流（名）	diànliú	electric current
28. 通过（动、介）	tōngguò	to pass through; by, through, by way of
29. 发热（动）	fārè	to give out heat, to generate heat
30. 损失（动）	sǔnshī	to lose
31. 电能（名）	diànnéng	electric energy
32. 电线（名）	diànxiàn	(electric) wire
33. 实现（动）	shíxiàn	to realize, to bring about
34. 无（副）	wú	not, without
35. 损耗（动）	sǔnhào	to lose, to wear out
36. 输电（动）	shūdiàn	to transmit electricity
37. 减少（动）	jiǎnshǎo	to reduce
38. 能源（名）	néngyuán	sources of energy
39. 浪费（动）	làngfèi	to waste, to squander

专名 Proper Nouns

南极洲	Nánjízhōu	the Antarctic

 **注释 Notes**

1. 在工业上

   "在……上"在这里表示"在……方面"。

   在 … 上 here means "在 … 方面".

2. 因为发热而损失电能

连词"而"（4）连接状语和谓语动词，表示原因。

The conjunction 而 (4) may be used to link the adverbial modifier with the verb next to it, indicating reason.

 语法 Grammar

1. 其实

The adverb 其实

"其实"是副词，表示所说的情况是真实的，对上文进行修正或补充。

其实, an adverb, is used to confirm that the information given immediately after it is true and serves as additional information to that given previously.

例如：

（1）听他说话像北京人，其实他是上海人。

（2）有人说这儿离天安门有 15 公里，其实只有 10 公里。

（3）我只知道她英语说得很好，其实她的法语也说得很好。

（4）这个问题看起来简单，其实并非如此。

（5）这些花儿看起来像真的，其实是用纸做的。

2. "像……一样"和"像……那么……"格式

The construction 像 … 一样 and 像 … 那么 …

动词"像"可以单独作谓语，也可以构成"像……一样"格式和"像……那么……"格式。

The verb 像 can be used predicatively by itself as well as in the form 像 … 一样 or 像 … 那么 ….

例如：

（1）他长得像他哥哥。

（2）阿尔玛写的汉字，像中国人写的一样。

（3）今天天气非常暖和，像春天一样。

（4）二氧化碳在 -75℃以下，会变成像雪一样的白色固体。

（5）最近几天的天气像夏天那么热。

（6）那些汉字不像这个汉字这么难写。

3. "跟……一样"格式

The construction 跟 … 一样

"跟……一样"表示两种事物（或人）比较的结果相同或类似。介词"跟"引进用来比较的对象，形容词"一样"作谓语。

跟 … 一样 can be used to compare two things (or persons) that are identical or similar. The preposition 跟 introduces the object to be compared with and, the adjective 一样 functions as the the predicate.

例如：

（1）这件衣服的颜色跟那件衣服一样。

（2）这个瓶子的形状跟那个瓶子的形状一样。

如果表示比较的两个偏正词组的中心语相同，其中的一个中心语可以省略。有时，在不产生歧义的情况下，"的"也可以省略。

If the two phrases being compared share the same main word, one of the main word (and sometimes the structural particle 的) may be omitted.

例如：

（3）这本词典跟那本〔词典〕一样。

（4）这个手机（的颜色）跟那个手机的颜色一样。

"跟……一样"还可以作状语或定语。

The structure 跟 … 一样 may also function as an adverbial or attributive.

例如：

（5）我们班的教室跟他们班的一样大。

（6）我要借一本跟他那本一样的电脑书。

"跟……一样"的否定式一般是在"一样"前加否定副词"不"。"不"还可以放在"跟"前，但不常用。

The negative form of the construction 跟 … 一样 is to add 不 before 一样, but occasionally 不 may also be put in front of 跟.

例如：

（7）这台电脑跟那台不一样。

（8）他长得跟他哥哥不一样。

"跟"除了同"一样"搭配外，还可以跟"相同、不同"搭配。

In the construction 跟 … 一样, 一样 can be replaced either by 相同 or 不同 depending on circumstances.

例如：

（9）这个房间的面积跟那个房间相同。

（10）氧气跟氮气的性质不同。

练 习 Exercises

1. 用"其实"完成句子：

Complete the following sentences with 其实：

（1）看样子他五十多岁了，＿＿＿＿＿＿＿。

（2）他说着一口流利的北京话，好像来北京已经多年了，＿＿＿＿＿＿＿。

（3）有人说汉语的语音、语法和汉字都非常难，＿＿＿＿＿＿＿。

（4）按季节，现在是秋天了，＿＿＿＿＿＿＿。

（5）从 1 到 1000 这些数加起来是多少？这个问题看起来很难，＿＿＿＿＿＿＿。

2. 选择适当的词语填空：

Fill in each blank with an appropriate word chosen from the list given below:

演员　运动员　他爸爸　北京　玻璃

（1）他很像＿＿＿＿＿＿＿，不像他妈妈。

（2）他身体很好，像一个＿＿＿＿＿＿＿。

（3）她表演得很好，像一个＿＿＿＿＿＿＿。

（4）在低温世界里，花儿变得像＿＿＿＿＿＿＿那么脆。

（5）我们国家的夏天像＿＿＿＿＿＿＿一样热，冬天比北京暖和。

3. 用"跟……一样（不一样、不同、相同）"等格式改写句子：

Rewrite the following sentences, using 跟 … 一样（不一样、不同、相同）：

（1）水是液体，水银也是液体。

（2）我的手机是黑色的，她的手机是蓝色的。

（3）我学习工商管理专业，她学习电子计算机专业。

（4）我们班有 18 个学生，他们班有 12 个学生。

（5）中国学生每天六点起床，我也六点起床。

4. 回答问题：

Answer the following questions:

（1）在什么条件下水会变成冰？

（2）现在科学家认为多少摄氏度是冷的顶点？

（3）举例说明在低温世界里物质出现的奇妙变化。

（4）在工业上，怎样得到氮气和氧气？

（5）怎样才能实现无损耗远距离输电？

第十三课
LESSON 13

分子与原子

 Text

世界上的东西虽然很多，但是都是由物质构成的。水、二氧化碳、糖、铁、玻璃等都是物质。

分子是构成物质的一种微粒。大多数的物质都是由分子构成的。如氧气由氧分子构成，水由水分子构成，盐酸由盐酸分子构成等。分子是能够单独存在并保持物质化学性质的最小微粒。有的分子很大，而有的分子却很小。但是，无论大分子还是小分子，只用我们的眼睛都是看不见的。

分子又都是由一些更小的微粒——原子组成的。如一个氧分子由两个氧原子构成；塑料是高分子化合物，塑料的分子是由很多原子构成的。原子也是构成物质的一种微粒。金属、稀有气体、金刚石和石墨等都是由原子直接构成的物质。如汞由汞原子构成，氦气由氦原子构成，铁由铁原子构成等。原子是化学反应中的最小的基本微粒。在化学反应中，分子可以分成原子，但是原子不能再分成更小的粒子，而是又重新组合成新的分子。这是分子和原子的最本质的区别。如加热红色氧化汞时，氧化汞分子分解为氧原子和汞原子，每两个氧原子结合成一个氧分子，许多汞原子聚集成金属汞。

原子是非常小的。即使把一亿个原子一个紧挨着一个排成一行，也只有一厘米那么长。可见，原子是多么小啊！

分子在不断地运动。温度越高，分子的能量越大，分子的运动速度就越快。分子之间有一定的间隔。如果分子之间的间隔较大，分子就呈气态；如果分子之间的间隔较小，分子就呈液态或固态。

原子也在不停地运动着。各种原子都有自己的质量、大小和性质。

生词 New Words

1.	原子（名）	yuánzǐ	atom
2.	虽然（连）	suīrán	though, although
3.	组成（动）	zǔchéng	to compose, to consist of
4.	等（助）	děng	and so on, etc.
5.	微粒（名）	wēilì	corpuscle

6. 大多数（名）	dàduōshù	great majority, most
7. 盐酸（名）	yánsuān	hydrochloric acid (HCl)
8. 单独（形）	dāndú	alone, by oneself
9. 保持（动）	bǎochí	to keep, to maintain
10. 却（副）	què	but, yet, however
11. 眼睛（名）	yǎnjing	eye
12. 塑料（名）	sùliào	plastic
13. 高分子（名）	gāofēnzǐ	macromolecule
14. 化合物（名）	huàhéwù	compound
15. 金属（名）	jīnshǔ	metal
16. 稀有（形）	xīyǒu	rare
17. 金刚石（名）	jīngāngshí	diamond
18. 石墨（名）	shímò	graphite
19. 直接（形）	zhíjiē	direct, immediate
20. 汞（名）	gǒng	mercury (Hg)
21. 氦（名）	hài	helium (He)
22. 反应（名、动）	fǎnyìng	reaction; to respond
23. 重新（形）	chóngxīn	again
24. 组合（动）	zǔhé	to compose, to constitute
25. 本质（名）	běnzhì	essence
26. 区别（名、动）	qūbié	distinction, difference; to distinguish, to differentiate
27. 加热（动）	jiārè	to heat up
28. 氧化汞（名）	yǎnghuàgǒng	mercury oxide (HgO)
29. 聚集（动）	jùjí	to gather, to collect
30. 亿（数）	yì	a hundred million
31. 排（动）	pái	to arrange, to put in order
32. 行（名、量）	háng	line, row
33. 可见（连）	kějiàn	it is obvious that
34. 不断（副）	búduàn	continuously, constantly
35. 能量（名）	néngliàng	energy
36. 速度（名）	sùdù	velocity, speed
37. 之间（名）	zhījiān	among, between
38. 呈（动）	chéng	to present, to assume
39. 气态（名）	qìtài	gaseous state
40. 液态（名）	yètài	liquid state
41. 固态（名）	gùtài	solid state
42. 停（动）	tíng	to stop

 **注 释 Notes**

1. 水、二氧化碳、糖、铁、玻璃等

"等"是表示概括的助词，在这里表示列举未尽。

等 is a particle which indicates that there are other things that could have been mentioned.

2. 原子是多么小啊！

这是一个感叹句。

多么 is used in an exclamatory sentence like this one.

3. 由物质构成

介词"由"（2）表示构成物体的成分或材料。

The preposition 由 (2) introduces the components or material of a body or matter.

 **语 法 Grammar**

1. "虽然……但是……"格式

The construction 虽然 … 但是 …

"虽然……但是……"表示转折关系。"虽然"可以放在前一分句（偏句）的主语前边或后边，"但是（可是）"必须放在后一分句（正句）的最前边。

The conjunction 虽然 means although or though. It may be placed either before or after the subject of the first clause of a compound sentence. 但是 or 可是 is always placed at the beginning of the second clause.

例如：

（1）虽然已经是春天了，但是天气还很冷。

（2）他虽然没来过中国，但是对中国的情况很了解。

（3）虽然我不会踢足球，但是很喜欢看足球比赛。

（4）北京我虽然住过，可是时间不长。

（5）北京的四合院虽然面积不大，但是文化内涵却很丰富。

2. "由……组成（构成）"格式

The construction 由 … 组成（构成）

"由……组成（构成）"表示构成事物的成分。

由 here is a preposition. The construction 由 … 组成（构成）introduces the components of something.

例如：

（1）世界是由物质组成的。

（2）这个代表团由 18 人组成。

（3）铁是由铁原子直接构成的物质。

（4）水分子是由两个氢原子和一个氧原子组成的。

3. 却

The adverb 却

"却"是副词，表示转折，语气比"但是"、"可是"轻。"却"只能用在主语后，不能用在主语前。多用于书面语。

The adverb 却, meaning "on the contrary, nevertheless", is not as strong as 但是 or 可是. 却 can never be placed before the subject, and is often used in written language.

例如：

（1）我找了他半天，却没找到。

（2）大家都去旅游了，我却住在医院里。

（3）塑料的分子很大，而铁的分子却很小。

"却"用在带有连词"但是"、"可是"的分句里，还含有强调的意味。

却 can be used together with 但是 or 可是 to imply an emphasized tone.

例如：

（4）这篇文章虽然不长，但是内容却很丰富。

（5）她虽然 70 多岁了，可是身体却非常好。

（6）分子很小，但是它却保持着原来物质的化学性质。

4. 可见

The conjunction 可见

"可见"是连词，用来承接上文，表示后一部分是根据上述事实得出的判断或结论。

可见 is a conjunction used to mean what follows it is a judgement or conclusion based on the fact that precedes it.

例如：

（1）阿尔玛汉语说得这么好，可见她学习非常努力。

（2）水变成了冰，可见气温已经下降到 0℃了。

（3）无论小分子还是大分子，只用我们的眼睛都是看不见的，可见分子是非常小的。

（4）我们每个人身上都受到 1 万多公斤的大气压力，可见大气压力是多么大啊！

（5）月球上的温度昼夜相差 300 多度，温度变化如此剧烈，可见生命在那儿是不可能生存下去的。

练习 Exercises

1．用"虽然……但是……"格式把意义相关的词组连接成句子：

Make sentences with 虽然 … 但是 … by linking the relevant phrases:

（1）身体不舒服　　　　　　　　感觉不到

（2）大气压力很大　　　　　　　保持了原来物质的化学性质

（3）正三角形的美术砖可以铺地　　上课

（4）分子非常小　　　　　　　　有重量

（5）原子很小　　　　　　　　　不好看

2．用"由……组成（构成）……"格式造句：

Make sentences with 由 … 组成（构成）…:

（1）"机"字　　　　　　　　　"木"和"几"

（2）空气　　　　　　　　　　氧、氮和二氧化碳等气体

（3）大多数物质　　　　　　　分子

（4）二氧化碳分子　　　　　　一个碳原子　两个氧原子

（5）塑料的分子　　　　　　　很多原子

3．把副词"却"放在句子中的恰当位置上：

Find the proper position in the following sentences for the adverb 却:

（1）我们都在等他一起去故宫，他没有来。

（2）冬天，北京天气很冷，可是屋子里很暖和。

（3）阿里病了一个星期了，可是我一点儿也不知道。

（4）事情虽然很小，但是影响很大。

（5）她虽然不是中国人，但是汉语说得很标准。

4．完成句子：

Complete the following sentences:

（1）她一个生词也不会念，可见 ＿＿＿＿＿＿＿＿＿＿＿＿＿＿ 。

（2）我们把在空气中称过的铁块再放在水中称一称，发现铁块在水中变轻了，可见 ＿＿＿＿

＿＿＿＿＿＿＿＿ 。

（3）古代科学家用 16 匹马才把抽出了空气的两个半球拉开，可见 ＿＿＿＿＿＿＿＿＿＿ 。

（4）塑料的分子虽然很大，但是只用我们的眼睛是看不见的，可见 ＿＿＿＿＿＿＿＿＿＿ 。

（5）月球上温度变化剧烈，也没有空气和水，可见 ＿＿＿＿＿＿＿＿＿＿＿＿ 。

5. 回答问题：

Answer the the following questions:

（1）世界是由什么组成的？举例说明。

（2）大多数物质是由什么组成的？举例说明。

（3）什么是分子？分子是由什么组成的？

（4）原子也是直接构成物质的微粒吗？举例说明。

（5）分子和原子最本质的区别是什么？

（6）分子作无规则运动的速度跟什么有关系？

（7）为什么有的分子呈气态，而有的分子呈液态或固态？

第十四课 LESSON 14 物质的变化

把糖放在水里，搅拌一下，一会儿糖就不见了。这是因为糖逐渐化成微小得看不见的糖粒子，分散到水中去了。不过，糖粒子仍旧具有跟糖相同的性质。把一杯水放在桌子上，时间一长，水就会减少。这是因为水的微粒慢慢地变成水蒸气跑到空气中去了。水蒸气也具有跟水相同的性质。把铁加热到 1535℃时，铁会变成铁水。铁水具有跟铁相同的性质。糖、水和铁的这些变化，都是由于组成物质的分子不断运动的结果。

在上面所举的例子中，尽管物质的形态发生了变化，但是物质的性质并没有改变，这种变化叫做物理变化。

汽油在空气中燃烧变成二氧化碳和水蒸气。二氧化碳、水蒸气的化学组成和性质都是跟汽油不同的。氢气在氧气中燃烧，可以生成水。水的化学组成和性质是跟氢气、氧气不同的。铁在空气中会慢慢地生锈，铁锈是铁的氧化物，化学组成和性质跟铁不同。

在上面所举的例子中，物质发生变化时，都生成了化学组成和性质跟原来不同的其他物质，这种变化叫做化学变化，化学变化又叫化学反应。在化学反应中，物质的分子可以分成原子，分出来的原子可以按照一定的方式重新组合成其他分子，这些新分子就组成了新的物质。

物质在发生化学变化的过程中，一定伴随着物理变化，如蜡烛燃烧时，先发生熔化现象。但是，在发生物理变化时不一定伴随化学变化。

在物理变化时，物质的形状、状态会发生变化。在发生化学变化时，常常伴随着一些现象的发生，如放热、吸热、发光、变色、放出气体和生成沉淀等。但不是所有的化学变化都会产生上述现象，而具有上述现象的变化也不一定是化学变化，如灯泡通电后发光、发热；无色氧气变成淡蓝色液态氧；给水加热，溶解在水中的氧气放出气泡等都是物理变化。判断物质变化的种类时，不能只看有无现象发生，而应该看是否生成了其他物质，这是区分物理变化和化学变化的关键。

生词 New Words

1.	搅拌（动）	jiǎobàn	to mix, to stir
2.	化（动）	huà	to turn into
3.	微小（形）	wēixiǎo	small
4.	粒子（名）	lìzǐ	particle
5.	分散（动）	fēnsàn	to disperse
6.	具有（动）	jùyǒu	to have
7.	一……就……	yī…jiù…	as soon as
8.	举（例子）（动）	jǔ(lìzi)	to give (examples)
9.	例子（名）	lìzi	example
10.	尽管（连）	jǐnguǎn	though, in spite of
11.	形态（名）	xíngtài	form, state, shape
12.	发生（动）	fāshēng	to take place, to happen
13.	汽油（名）	qìyóu	gasoline, petrol
14.	燃烧（动）	ránshāo	to burn
15.	生锈（动）	shēngxiù	to get rusty
16.	氧化物（名）	yǎnghuàwù	oxide
17.	其他（代）	qítā	others, the other
18.	分（动）	fēn	to divide, to break up
19.	方式（名）	fāngshì	way, method
20.	伴随（动）	bànsuí	to accompany, to attend
21.	蜡烛（名）	làzhú	candle
22.	熔化（动）	rónghuà	to melt
23.	状态（名）	zhuàngtài	state, situation
24.	放热（动）	fàngrè	to generate heat; to be exothermic
25.	发光（动）	fāguāng	to shine, to be luminous
26.	变色（动）	biànsè	to change color, to discolor
27.	沉淀（名、动）	chéndiàn	precipitation; to precipitate
28.	灯泡（名）	dēngpào	bulb
29.	通电（动）	tōngdiàn	to be electrified
30.	电（名）	diàn	electricity
31.	后（名）	hòu	later, after
32.	无色	wúsè	colorless
33.	淡（蓝色）（形）	dàn(lánsè)	pale (blue)
34.	判断（动）	pànduàn	to judge, to decide
35.	种类（名）	zhǒnglèi	kind, variety
36.	是否（副）	shìfǒu	whether or not, if
37.	区分（动）	qūfēn	to distinguish, to differentiate
38.	关键（名、形）	guānjiàn	hinge, key

注释 Notes

在上面所举的例子中、在化学反应中

"在……中"除了表示具体的方位或处所外，还可以指范围、过程、持续状态等。

The construction 在 … 中 can be used to express scope, process or continued state, as well as specific position and locality.

语法 Grammar

1. "一……就……"格式

The construction 一 … 就 …

"一……就……"这种格式，可以表示两件事紧接着发生。

The construction 一 … 就 … describes one thing taking place immediately after another.

例如：

（1）他讲得很清楚，我一听就懂了。

（2）安娜一到，我们就出发。

（3）他一做完练习，就跑到操场上锻炼去了。

"一……就……"这种格式还可以表示条件和结果的关系。

The construction 一 … 就 … can also indicate that something is the right condition to allow for the occurrence of something else.

例如：

（4）时间一长，杯子里的水就会减少。

（5）天气一变化，她就会感冒。

（6）我一有时间，就学习汉语。

2. "尽管……但是……"格式

The construction 尽管 … 但是 …

"尽管……但是……"格式表示先姑且承认某种事实，然后再说出转折的意思，后一分句还常用"但是、可是"呼应。

The conjunction 尽管 here is equivalent to "though" or "although". It is usually accompanied by 但是 or 可是.

例如：

（1）尽管下这么大的雪，我还是要去。

（2）他尽管身体不好，可是仍旧坚持工作。

（3）尽管已经春天了，但是天气还是比较冷。

（4）水变成水蒸气，尽管物质的形态发生了变化，但是物质的性质并没有改变。

3. 具有

The verb 具有

动词"具有"的宾语通常是表示抽象意义的名词，如性质、特点、规律等。

The verb 具有 means "to have", and its object is often an abstract noun, such as 性质, 特点, 规律, etc.

例如：

（1）氧气具有哪些性质呢？

（2）不同的物质具有不同的特点。

（3）液体传递压强具有一定的规律。

（4）天坛公园的回音壁具有奇妙的声学现象。

（5）北京的四合院具有独特的文化内涵。

练习 Exercises

1. 用"一……就……"格式完成句子：

Complete the following sentences with the construction 一 … 就 …:

（1）我们喝汽水时，一打开瓶盖，_____。

（2）用手把木头压入水中，_____，木头马上就浮上来了。

（3）今天他预习得很好_____，他马上就回答出来了。

（4）为什么生物不能在月球上生存呢？我们一分析月球上的条件，_____。

（5）从三月到五月是春天，一到春天，_____。

2. 用"尽管……但是（可是）……"把意义相关的词组连接成句子：

Make sentences with 尽管 … 但是（可是）… by linking the relevant clauses:

（1）在物理变化中，物质的形态发生了变化　　　　我们的身体并不吸收它

（2）喝汽水时，我们喝进去很多二氧化碳　　　　物质的性质并没有改变

（3）在中国，冬季南北气温相差很大　　　　人们感觉不到

（4）天坛公园离我们学校很远　　　　夏天相差不大

（5）大气压力很大　　　　我还是想去那儿看看回音壁和三音石

3. 用"具有"和所给的词回答问题：

Answer the following questions using 具有 and the words given:

（1）为什么人们能区别不同的物质？（特点）

（2）为什么说水蒸气、冰和水是同一种物质？（性质）

（3）为什么空气对任何物体都有压力？（重量）

（4）为什么人在死海里可以随意漂浮在水面上？（密度）

（5）为什么天坛公园里的回音壁和三音石能吸引游人？（现象）

4. 回答问题：

Answer the following questions:

（1）什么是物理变化？什么是化学变化？举例说明。

（2）区分物理变化和化学变化的关键是什么？

第十五课 圆柱形的容器
LESSON 15

 **课 文 Text.**

　　装液体的容器，例如瓶子、杯子等，往往都做成圆柱形的。为什么不做成球形、立方体、长方体等形状的呢？

　　原来，在制作容器的时候，除了要考虑到节省材料以外，还要考虑到制作简单、使用方便和美观等因素。

　　我们知道容器的表面积越小就越节省材料。那么，在容积相同的情况下，哪种形状的容器表面积最小呢？经过计算可以知道，以球形容器的表面积为最小。不过人们很少把容器做成球形的。因为这样做，虽然节省了材料，但是制作和使用都很不方便。例如，杯子做成球形的，很容易滚动，放不稳，显然是不实用的。

　　在容积相同的情况下，除了球形的以外，在圆柱形、立方体、长方体等形状的容器中，就以圆柱形容器的表面积为最小了。另外，圆柱形容器，使用时更方便，既不易碰坏，又比较美观。因此，装液体的容器往往都做成圆柱形的。

　　再进一步讨论一下，在容积相同的情况下，什么样的圆柱形容器才能最节省材料呢？经过计算，我们又可以得知：有盖儿的圆柱形容器，只有当它们的底面直径等于高时，表面积最小，所用的材料才最省；没有盖儿的圆柱形容器，只有当它们的底面直径等于高的两倍时，表面积最小，所用的材料才最省。

　　我们常见的罐头盒、汽油桶等，大都是按上面的比例设计、制造的。

生 词 New Words

1.	圆柱形（名）	yuánzhùxíng	cylinder
2.	瓶子（名）	píngzi	bottle
3.	杯子（名）	bēizi	cup, glass, mug
4.	往往（副）	wǎngwǎng	often, frequently, usually
5.	立方体（名）	lìfāngtǐ	cube
6.	长方体（名）	chángfāngtǐ	cuboid

7. 制作（动）	zhìzuò	to make
8. 除了……以外	chúle…yǐwài	except, besides
9. 考虑（动）	kǎolù	to consider
10. 材料（名）	cáiliào	material
11. 使用（动）	shǐyòng	to use
12. 因素（名）	yīnsù	factor
13. 表面积（名）	biǎomiànjī	surface area
14. 容积（名）	róngjī	volume
15. 以……为……	yǐ…wéi…	to take … as …
16. 球形（名）	qiúxíng	globulous
17. 滚动（动）	gǔndòng	to roll
18. 稳（形）	wěn	steady
19. 实用（动）	shíyòng	practical
20. 碰（动）	pèng	to bump
21. 进一步（副）	jìnyíbù	further
22. 讨论（动）	tǎolùn	to discuss
23. 什么样（代）	shénmeyàng	what
24. 得知（动）	dézhī	to get, to know
25. 底面（名）	dǐmiàn	bottom, base
26. 直径（名）	zhíjìng	diameter
27. 高（名）	gāo	height
28. 罐头（名）	guàntou	tin; canned goods
29. 桶（名）	tǒng	drum
30. 大都（副）	dàdū	mostly, chiefly
31. 比例（名）	bǐlì	proportion, ratio

语法 Grammar

1. "以……为……" 格式（1）

The construction 以 … 为 …（1）

"以……为……"格式（1）中，"为"后是"最＋形容词"，用来指明一类事物中最突出的一个或一部分。

In the construction 以 … 为 …(1), the word after 为 should be 最 + adjectives. The construction is used to indicate the most outstanding of several things which are in the same category.

例如：

（1）我们班的同学，以安东尼的身体为最好。

（2）哈尔滨、北京、上海、广州这四个城市，冬天以哈尔滨的平均气温为最低。

（3）在容积相同的情况下，以球形容器的表面积为最小。

（4）在周长相同的正多边形中，以正六边形的面积为最大。

（5）学习电子计算机专业的学生，以我们班为最多。

2. "除了……以外" 格式

The construction 除了 ... 以外

"除了……以外"这种格式表示以下两种关系：

The construction 除了 ... 以外 has the following two meanings:

A."除了……以外"可以表示"在什么之外，还有别的"，后面常有副词"还、也"等。

The construction 除了 ... 以外 may mean "in addition to" or "besides". The adverb 还 or 也 is used after it.

例如：

（1）墙上除了照片以外，还挂着一张世界地图。

（2）这所大学除了外国留学生以外，还有中国学生。

（3）她除了会说英语以外，也会说法语。

（4）计算这道题，除了这种方法以外，还有一种方法。

B."除了……以外"还表示"所说的不包括在内"，后面常有副词"都"。

The construction 除了 ... 以外 may also mean "with the exception of". The adverb 都 is often used after it.

例如：

（5）除了她以外，我们都去过长城。

（6）除了她学习环境保护专业以外，我们都学习建筑专业。

（7）这次考试，除了第二道题以外，别的题我都回答对了。

（8）在容积相同的各种形状的容器中，除了球形的以外，就以圆柱形的表面积为最小了。

练 习 Exercises

1. 用"以……为……"格式改写句子：

Rewrite the following sentences with 以 ... 为 ...:

（1）在中国，一年中秋天的气候最好。

（2）北京的烤鸭店很多，全聚德烤鸭店最有名。

（3）桂林是著名的旅游城市，漓江两岸的风景最秀丽。

（4）装液体的容器有很多形状的，圆柱形的容器是最多的。

（5）在周长相同的多边形中，正六边形的面积最大。

2. 完成句子：

Complete the following sentences:

（1）除了常用正方形的美术砖铺地以外，_____。

（2）除了 _____ 以外，他每天都学习两个小时英语。

（3）除了 _____ 以外，他们还访问了工人家庭。

（4）他除了喜欢打篮球以外，_____。

（5）除了安东尼以外，我们班 _____。

（6）这件衣服除了长一点儿以外，_____。

（7）除了 _____ 以外，他每天早上都去操场打太极拳。

（8）除了我想去桂林和黄山旅游以外，别的同学 _____。

3. 回答问题：

Answer the following questions:

（1）在制作容器的时候，要考虑哪几种因素？

（2）在容积相同的情况下，哪种形状的容器表面积最小？

（3）人们为什么很少把容器做成球形的？

（4）人们为什么要把容器做成圆柱形的呢？

（5）在容积相同的情况下，什么样的圆柱形容器才能最节省材料？

第十六课 LESSON 16 　指南针

**课文** Text

指南针是指示方向的工具。

早在两千多年前，中国人就发现了能吸引铁的磁石。如果把磁石吊起来，它还能指示方向。人们根据磁石的这种特性，发明了各种指示方向的工具。

最早的指南工具，就是用磁石做成的。它的形状像勺子，如图16-1所示，放在平滑的平面上，可以自由转动。停下来的时候，勺子的把儿总是指着南方。这种东西虽然可以指示方向，但是用起来很不方便。

图 16-1

后来，人们发现铁在磁石上摩擦，也能产生磁性，而且这种磁性还能保持比较长的时间，于是人们又制成了"指南鱼"。指南鱼是用带磁性的铁片做成的，形状像一条鱼，浮在水面上，可以自由转动；停下来的时候，鱼头总是指着南方。以后，人们又把铁片改成铁针，这就是世界上最早的指南针了。

指南针为什么能指示方向呢？

地球是一个大磁体，其地磁南极在地理北极附近，地磁北极在地理南极附近。指南针在地球的磁场中由于受磁场力的作用，因此会一端指南，另一端指北。

现在已经发明了更为先进的电子指南针。电子指南针全部采用固态元件，还可以与其他电子系统接口，具有高度的灵敏度。因此，电子指南针将代替旧式指南针，用于航空、航海、大地测量、旅行及军事等方面。

**生词** New Words

| 1. | 指南针（名） | zhǐnánzhēn | compass |
| 2. | 指示（动、名） | zhǐshì | to indicate, to point out |

3. 工具（名）	gōngjù	tool, instrument
4. 前（名）	qián	ago, before
5. 磁石（名）	císhí	magnet
6. 吊（动）	diào	to hang
7. 特性（名）	tèxìng	specific characteristic
8. 发明（动）	fāmíng	to invent
9. 勺子（名）	sháozi	ladle, spoon
10. 如图……所示	rútú…suǒshì	as indicated by ..., as ...
11. 自由（形）	zìyóu	free
12. 转动（动）	zhuàndòng	to turn round
13. 把儿（名）	bàr	handle
14. 总是（副）	zǒngshì	always
15. 指（动）	zhǐ	to indicate, to point at
16. 后来（名）	hòulái	afterwards, later on
17. 摩擦（动）	mócā	to rub
18. 磁性（名）	cíxìng	magnetism
19. 于是（连）	yúshì	thereupon
20. 铁片（名）	tiěpiàn	very thin steel plate
21. 头（名、量）	tóu	head; *a measure word*
22. 改（动）	gǎi	to change, to replace
23. 铁针（名）	tiězhēn	steel needle
24. 磁体（名）	cítǐ	magnet
25. 其（代）	qí	its
26. 地磁（名）	dìcí	terrestrial magnetism
27. 地理（名）	dìlǐ	geography
28. 磁场（名）	cíchǎng	magnetic field
29. 场（名）	chǎng	field
30. 端（名）	duān	end
31. 元件（名）	yuánjiàn	element, component
32. 系统（名）	xìtǒng	system
33. 接口（动）	jiēkǒu	to connect
34. 灵敏度（名）	língmǐndù	sensitivity
35. 灵敏（形）	língmǐn	sensitive
36. 替代（动）	tìdài	to substitute for
37. 旧式（形）	jiùshì	old type
38. 航空（动）	hángkōng	to aviate; aviation
39. 航海（动、名）	hánghǎi	to navigate; navigation
40. 大地（名）	dàdì	land
41. 测量（动）	cèliáng	to survey, to measure

42. 军事（名）	jūnshì	military affair
43. 方面 （名）	fāngmiàn	aspect, respect
专名 Proper Nouns		
1. 南极（名）	Nánjí	the South Pole
2. 北极（名）	Běijí	the North Pole

 Notes

1. 两千多年前

"……前"指出早于某时或某事的时间。

… 前 means "ago, before".

2. 停下来

复合趋向补语"下来"在这里表示通过动作使事物固定或停留。

The compound directional complement 下来 is used to indicate that a person or thing is to be held or retained through an action.

3. 用起来

复合趋向补语"起来"（1）在这里表示着眼于某一方面。

The compound directional complement 起来 (1) indicates that a speaker wants to make a judgement on something.

 Grammar

1. 总是〔总〕

The adverb 总是〔总〕

"总是（总）"是副词，表示持续不变；一向；一直。

The adverb 总是 (总) indicates that a matter or a state remains unchanged.

例如：

（1）指南针的一头总是指向南方。

（2）他星期六晚上总是睡得比较晚。

（3）北京的夏天总是比较热。

（4）我上星期就想来看你，可是总没有时间。

（5）无论怎么忙，他总是晚上七点钟去健身房锻炼身体。

"总是（总）"还有毕竟、终归的意思。

总是（总）also means "after all" or "in the end".

例如：

（6）不论把球踢得多高，它总是会落回地面的。

（7）虽然问题很多，但总是会解决的。

（8）无论哪种语言，只要多听、多说、多看、多写，总是能够学会的。

2. 于是

The conjunction 于是

"于是"是连词，表示后一事承接前一事，后一事往往是由前一事引起的，前后有因果关系。

于是, a conjunction, is often used to link two events. It shows that after the completion of the first event, the second takes place as a consequence.

例如：

（1）晚上做完练习以后，还不到九点钟，于是我打开电脑又上了一会儿网。

（2）我们看完电影，时间还早，于是我到操场打了一会儿球。

（3）坐汽车去那里不方便，于是我们骑自行车去。

（4）听天气预报说明天、后天有大雪，于是他马上去买飞机票，今天就回国。

（5）圆柱形的容器，既节省材料，使用又方便，于是装液体的容器往往都做成圆柱形的。

（6）两千多年前，人们发现把磁石吊起来，它的一头指着北方，另一头指着南方，于是，人们根据磁石的这种特性，发明了各种指示方向的工具。

练习 Exercises

1. 用"总是"改写句子：

Rewrite the following sentences with 总是：

（1）做练习时，他每次都把"便"字写成"使"字。

（2）每天吃完晚饭，我们都要看一会儿电视。

（3）人们都用正方形或正六边形的美术砖铺地。

（4）指南鱼在水中可以自由转动，但停下来时，鱼头一定指向南方。

（5）不管夏天、冬天，去颐和园的人都很多。

（6）他每次做练习都很认真。

（7）每天晚上他都在十一点以后睡觉。

（8）无论把物体放在什么地方，它都会受到地心引力的作用。

2. 用"于是"完成句子：

Complete the following sentences with 于是：

（1）很早以前，人们发现了磁石具有指示方向的特性，_____。

（2）人站在三音石上鼓掌，掌声多次被反射回来，＿＿＿＿＿＿＿＿＿＿＿＿＿。

（3）衣服上的水吸收周围的热量变成水蒸气跑到空气中去了，＿＿＿＿＿＿＿＿＿＿＿＿＿＿。

（4）人喝了汽水以后，二氧化碳很快从嘴里跑出来并带走了我们身体中的热量，＿＿＿＿＿＿
＿＿＿＿＿＿＿＿＿＿＿＿＿＿。

（5）圆柱形容器跟立方体、长方体的容器比较，使用时更方便，既不容易碰坏，也比
较美观，＿＿＿＿＿＿＿＿＿＿＿＿。

3. 回答问题：

Answer the following questions:

（1）人们是怎样发明指南工具的？

（2）最早的指南工具是什么样子的？这种工具有什么缺点？

（3）人们是根据什么原理用钢片制成了指南鱼和指南针的？

（4）指南针为什么能指示方向？

（5）电子指南针有什么优点？

第十七课 LESSON 17　万有引力

 课 文 Text

　　苹果熟了，会落向地面。这是为什么呢？原来，这是因为苹果和地球之间存在着一种相互吸引的力。

　　宇宙中任何两个物体之间都存在着一种相互吸引的力，这种力叫做万有引力。

　　三百多年前，英国科学家牛顿在前人研究的基础上，概括和总结出了一条关于万有引力的规律。这就是：任何两个物体都是相互吸引的，引力的方向在这两个物体的连线上，引力的大小与两个物体质量的乘积成正比，与它们之间的距离的平方成反比。这就是著名的万有引力定律。

　　既然任何两个物体之间存在着相互吸引的力，那么两个苹果为什么不会吸引到一起呢？

　　根据万有引力定律，两个物体之间引力的大小与它们的质量有关。苹果的质量与地球相比较要小得多，两个苹果之间的吸引力也就小得多了，所以两个苹果不能吸引到一起。

　　重力也属于万有引力，是地球与它周围的物体之间的引力。在重力的作用下，苹果落向地面，是不是地球对苹果的吸引力比苹果对地球的引力大呢？不！这两个力是相等的。不过，由于地球的质量比苹果大得多，因而，在同样大小的引力作用下，地球比苹果稳得多。结果苹果就在地球引力的作用下，落到地面上来。

　　万有引力定律是自然界最普遍、最基本的定律之一。它适用于任何两个物体之间的作用，也适用于任何两个星球之间的相互作用。实际上，不但地球对它周围的物体有吸引作用，宇宙万物间都存在着这种吸引作用。万有引力是太阳和地球等天体之所以如此存在的原因；没有万有引力，天体将无法相互吸引形成天体系统，而我们所知的生命形式也将不会出现。万有引力同时也使地球和其他天体按照它们自身的轨道围绕太阳运转，使月球按照自身的轨道围绕地球运转，这样就形成了潮汐及其他我们所观察到的各种各样的自然现象。

　　了解到万有引力及其定律后，人们逐渐将这条定律应用到天文学及其他科技领域。在天文学上，可计算和了解太阳系各行星的详细信息等；在其他领域，人们可以利用水的重力将势能转化为电能等。

生词 New Words

1.	万有引力（名）	wànyǒuyǐnlì	(universal) gravitation
2.	熟（形）	shú	ripe
3.	地面（名）	dìmiàn	ground, land surface
4.	相互（形）	xiānghù	each other, mutual
5.	前人（名）	qiánrén	predecessor
6.	基础（名）	jīchǔ	foundation
7.	概括（动）	gàikuò	to summarize
8.	总结（动、名）	zǒngjié	to sum up; summary
9.	关于（介）	guānyú	about
10.	连线（名）	liánxiàn	connecting line
11.	正比（名）	zhèngbǐ	direct ratio
12.	反比（名）	fǎnbǐ	inverse ratio
13.	有关（动）	yǒuguān	to have something to do with, to relate to
14.	重力（名）	zhònglì	gravity
15.	属于（动）	shǔyú	to belong to, to be part of
16.	自然界（名）	zìránjiè	natural world
17.	适用（动）	shìyòng	to apply to, to be suitable for
18.	星球（名）	xīngqiú	celestial body, star
19.	实际（名、形）	shíjì	reality, practice; practical
20.	万物（名）	wànwù	everything in the world, all things in the universe
21.	天体（名）	tiāntǐ	celestial body
22.	形式（名）	xíngshì	form, shape
23.	自身（代）	zìshēn	oneself
24.	轨道（名）	guǐdào	orbit, track
25.	围绕（动）	wéirào	to revolve around
26.	运转（动）	yùnzhuǎn	to revolve
27.	潮汐（名）	cháoxī	tide
28.	应用（动、形）	yìngyòng	to apply; applied
29.	科技（名）	kējì	science and technology
30.	领域（名）	lǐngyù	field, domain
31.	太阳系（名）	tàiyángxì	the solar system
32.	行星（名）	xíngxīng	planet
33.	信息（名）	xìnxī	information, news
34.	势能（名）	shìnéng	potential energy
35.	转化（动）	zhuǎnhuà	to transform, to change

专名 Proper Nouns

牛顿	Niúdùn	Isaac Newton

1. 存在着一种相互吸引的力

"相互"是形容词,"互相"是副词,都可以作状语。"相互"还能单独作定语,"互相"很少这样用。另外,"相"是"互相"的意思。

Both 相互, an adjective, and 互相, an adverb, can serve as adverbials. 相互 can also serve as an attributive by itself, but 互相 can hardly be used that way. 互相 is equivalent in meaning to 相.

2. 适用于任何两个物体之间的作用

介词"于"(3)在这里引出对象,相当于"对"的意思。

The preposition 于 (3) introduces the object of an action. It is equivalent to 对.

3. 实际上

"实际"作状语时,常说"实际上"。

When used adverbially, 实际 frequently takes the form of 实际上.

1. 关于

The preposition 关于

由"关于"构成的介词结构,表示关联、涉及的范围、方面或内容。可作定语或状语。作定语时,后面要加"的";作状语时,多放在句首。

The prepositional construction 关于 is often used to show the scope, content or aspect of something. This construction may function as either an attributive or an adverbial. As an attributive, 的 goes before the noun it modifies. When used adverbially, 关于 must be placed before the subject.

例如:

(1)昨天下午我们看了一场关于汉字的电影。

(2)他买了一本关于中国历史的书。

(3)两千多年前,中国人就发现了关于磁石能指示方向的特性。

(4)关于这个问题,我们以后再讨论。

(5)关于明天上午参观的事,我已经告诉他们了。

2. "……与……成正比(反比)"格式

The construction ... 与 ... 成正比 (反比)

"……与……成正比(反比)"是"……跟……是正比(反比)关系"的意思。用于书面语。

The preposition 与 is equivalent to 跟, but is more often used in written Chinese. … 与 … 成正比（反比）is equivalent to … 跟 … 是正比（反比）关系.

例如：

（1）在同一个地方，物体的重量跟它的质量成正比。

（2）物体在流体中所受到的浮力，与它的体积成正比，与流体的密度也成正比。

（3）水压机大活塞上所产生的力，与液体对大活塞的压强成正比，与大活塞的横截面积也成正比。

（4）液体对小活塞的压强，与加在小活塞上的力成正比，与小活塞的横截面积成反比。

（5）加在小活塞上的力一定，大活塞上受到的力与小活塞的横截面积成反比。

3. "……与……有关"格式

The construction … 与 … 有关

"……与……有关"就是"……跟……有关系"的意思。

… 与 … 有关 is similar to … 跟 … 有关系, and is often used as the predicate in a sentence.

例如：

（1）两个物体之间引力的大小与它们的质量有关。

（2）物质形态的变化与压力、温度等有关。

（3）水蒸发得快慢与温度、蒸发的面积和风力等有关。

（4）物体在液体中所受到的浮力，与物体的体积和液体的密度有关。

（5）水压机大活塞上所得到的力，与液体对大活塞的压强和大活塞的横截面积有关。

练习 Exercises

1. 用"关于"完成句子：

Complete the following sentences with the preposition 关于：

（1）300 多年前，英国科学家牛顿总结出了 ＿＿＿＿＿＿。

（2）＿＿＿＿＿＿ 我们已经讲过了，因此我们现在知道了水压机为什么有那么大的压力。

（3）＿＿＿＿＿＿ 的事儿，他已经告诉过我了。

（4）＿＿＿＿＿＿ 的用处，我们在第十二课已经学过了。

（5）＿＿＿＿＿＿ 的特点，学完第二课我们就清楚了。

（6）＿＿＿＿＿＿ 这个问题，1969 年人上了月球，已经有了答案。

2. 用"……与……成正比（反比）"格式组句：

Make sentences with the construction … 与 … 成正比（反比）：

（1）两个物体之间的距离一定   两个物体之间的引力

                                     它们的质量的乘积

（2）质量相同的两个物体 　　　　　　它们之间的引力

它们之间距离的平方

（3）由同一物质组成的物体 　　　　　物体的重量

它的体积

（4）同一物体 　　　　　　　　　　　它的重量

它到地心的距离的平方

（5）液体的压强一定 　　　　　　　　水压机大活塞上得到的力

大活塞的横截面积

3. 用"……与……有关"格式改写句子：

Rewrite the following sentences with … 与 … 有关：

（1）温度和压力等条件的变化，可以使物质改变形态。

（2）两个物体之间的引力的大小与两个物体质量的乘积成正比，与它们之间距离的平方成反比。

（3）离地面越高，大气压力越小。

（4）作用在水压机大活塞上的力等于小活塞对液体的压强乘以大活塞的横截面积。

（5）离地心越远，物体的重量越小；离地心越近，物体的重量越大。

4. 回答问题：

Answer the following questions：

（1）什么叫万有引力？

（2）什么叫做万有引力定律？

（3）既然任何两个物体之间都存在着相互吸引的力，那么两个苹果为什么不吸引到一起呢？

（4）苹果为什么会落到地面上来？

（5）万有引力定律是自然界最普遍、最基本的定律吗？举例说明。

飞出地球去
LESSON 18

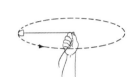

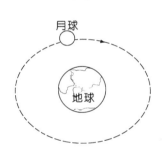

我们知道，地球具有吸引力。由于地球吸引力的作用，地面上的一切物体都不会飞离地球，就是远离地球 38 万公里的月球，也能被地球吸引住，永远绕着地球运转。

人造地球卫星是由人类建造，用运载火箭发射到高空中，像月球一样环绕着地球运行的装置。

既然任何物体都受到地球引力的作用，人造地球卫星为什么能绕着地球运转而很久不落下来呢？因为人造地球卫星发射出去以后，它以极大的速度绕着地球运转，地球的引力只能起个向心力的作用，使卫星做匀速圆周运动，而不能使它落回地球。

人造卫星需要有多大的速度，才能克服地球的引力并绕着地球作匀速圆周运动呢？根据科学家的计算，速度达到 7.9 公里/秒，就能使人造卫星绕着地球运转。这个速度叫做第一宇宙速度。如果小于这个速度，它就会被地球的引力拉回来。如果速度达到 11.2 公里/秒，飞上高空的人造卫星就可以完全摆脱地球的引力，飞离地球，在太阳系中运行。这个能使物体永远离开地球的速度，叫做第二宇宙速度。

人造卫星的运行轨道通常有三种：

1. 地球同步轨道：卫星运行周期与地球自转周期相同，而且方向也一致。从地面上来看，轨道上运行的卫星是静止不动的。一般通信卫星、广播卫星、气象卫星都选用这条轨道。

2. 太阳同步轨道：即轨道平面绕地球自转轴旋转，方向与地球公转方向相同。在这条轨道上运行的卫星，以相同的方向经过同一纬度的当地时间是相同的。地球资源卫星一般采用这种轨道。

3. 极地轨道：在这条轨道上运行的卫星，每运行一圈都要经过地球两极上空。气象卫星、侦察卫星常用这种轨道。

生词 New Words

1.	一切（形、代）	yíqiè	every, all
2.	就是（连）	jiùshì	even if, even
3.	远离（动）	yuǎnlí	far away from
4.	永远（副）	yǒngyuǎn	forever
5.	绕（动）	rào	to go round
6.	人造（形）	rénzào	man-made
7.	卫星（名）	wèixīng	satellite
8.	人类（名）	rénlèi	mankind, humanity
9.	建造（动）	jiànzào	to build, to construct, to make
10.	运载（动）	yùnzài	to carry, to deliver
11.	火箭（名）	huǒjiàn	rocket
12.	发射（动）	fāshè	to launch, to shoot
13.	高空（名）	gāokōng	high altitude, upper air
14.	环绕（动）	huánrào	to revolve round
15.	运行（动）	yùnxíng	to move, to revolve
16.	装置（名）	zhuāngzhì	installation, equipment
17.	以（介）	yǐ	with, by
18.	极（副）	jí	extremely, exceedingly
19.	起……作用	qǐ…zuòyòng	to serve as
20.	向心力（名）	xiàngxīnlì	centripetal force
21.	匀速（形）	yúnsù	uniform
22.	圆周（名）	yuánzhōu	circumference
23.	需要（动）	xūyào	to need
24.	克服（动）	kèfú	to overcome
25.	秒（名）	miǎo	second
26.	完全（形）	wánquán	complete, fully
27.	摆脱（动）	bǎituō	to free from
28.	通常（形）	tōngcháng	usually, ordinarily
29.	同步（形）	tóngbù	synchronism
30.	周期（名）	zhōuqī	period, cycle
31.	自转（动）	zìzhuàn	rotation
32.	一致（形、副）	yízhì	consistent; in accordance with
33.	静止（动）	jìngzhǐ	static, motionless
34.	一般（形）	yìbān	ordinary, same
35.	通信（动）	tōngxìn	to correspond
36.	气象（名）	qìxiàng	meteorological phenomenon
37.	选用（动）	xuǎnyòng	to select, to choose

38. 公转（动）	gōngzhuàn	to revolve round the sun
39. 纬度（名）	wěidù	latitude
40. 当地（名）	dāngdì	local
41. 资源（名）	zīyuán	resource
42. 极地（名）	jídì	polar region
43. 圈（名）	quān	circle, ring
44. 两极（名）	liǎngjí	North and South Poles
45. 上空（名）	shàngkōng	in the sky
46. 侦察（动）	zhēnchá	to reconnoiter

 注 释 Notes

句子分析（1）

Sentence Analysis (1)

　　人造地球卫星是由人类建造，用运载火箭发射到高空中，像月球一样环绕着地球运行的装置。

　　这是一个简单的"是"字句，主要成分是"人造地球卫星是装置"。"装置"是中心语，前面有三个并列关系定语："由人类建造"，"用运载火箭发射到高空中"和"像月球一样环绕着地球运行"。

　　This is a simple sentence with 是. 人造地球卫星是 … 装置 is the main part of this sentence. 装置 is the main word, 由人类建造，用运载火箭发射到高空中 and 像月球一样环绕着地球运行 are coordinate attributives, which come before 装置.

语 法 Grammar

1. "就是……也……" 格式

The construction 就是 … 也 …

　　"就是"是连词，表示假设兼让步关系，相当于"即使"，后面常跟"也"搭配，构成"就是……也……"格式。多用于口语。

　　就是 here is a conjunction, indicating a suppositional and concessive relationship between certain things. It is equivalent to 即使, and often occurs in spoken Chinese. The adverb 也 usually goes after it.

　　例如：

　　（1）这个季节，就是下雨，天气也不会变冷。

　　（2）星期天就是刮风，我也要去香山公园看红叶。

　　（3）就是在几百公里的高空中，也还有空气存在。

（4）就是月球上曾经存在过大气层，也早已飘移到宇宙空间里去了。

（5）宇宙万物间普遍存在着万有引力，在月球的引力作用下，就是地球上的海水也会发生潮汐现象。

2. 介词"以"

The preposition 以

由介词"以"构成的介词结构在句中作状语，表示方式、手段、状态、依据、原因等。

以, a preposition, is used to form a prepositional phrase that functions as an adverbial to show the certain ways or means of doing something.

例如：

（1）在空气中，声音大约以 340 米／秒的速度传播。

（2）电脑是以 0 和 1 两位数字来进行运算的。

（3）在不同的温度下，水能够以不同的形态存在。

（4）人们以液体传递压强的规律制成了水压机。

（5）天文学家以万有引力定律来探索宇宙间星球的运行情况。

（6）长城以它的雄伟闻名于全世界。

（8）电脑以神奇的功能广泛应用于生产、工作和生活的各个方面。

练习 Exercises

1. 用"就是……也……"格式完成句子：

Complete the following sentences with the construction 就是 … 也 …:

（1）太阳具有巨大的吸引力，就是远离太阳的地球和其它星球 ＿＿＿＿＿＿＿。

（2）分子是非常小的，就是大分子 ＿＿＿＿＿＿＿。

（3）原子比分子小，就是把 1 亿个原子一个紧挨着一个排成一行，＿＿＿＿＿＿＿。

（4）就是在南极洲最冷的时候，气温 ＿＿＿＿＿＿＿，而在实验室里人们可以制造出 −273℃的低温。

（5）就是在冬天最冷的时候，把洗过的衣服挂在外边，＿＿＿＿＿＿＿。

2. 用介词"以"改写句子：

Rewrite the following sentences with the preposition 以:

（1）地球绕太阳运转的速度是 30 公里／秒。

（2）由于天坛公园里的回音壁和三音石有奇妙的声学现象，因此吸引了很多游人。

（3）如果人造地球卫星环绕地球运行的速度低于 7.9 公里／秒，它就会被地球的引力拉回地面。

（4）在化学反应中，分出来的原子又按照一定的方式重新结合成新的分子，形成新的物质。

（5）指南针是根据带磁性的钢片能够指示方向的特性制成的。

（6）在自然界中，到了0℃以下，水就会变成固态冰而存在。

（7）在远距离输电中，为了节约能源，将用超导材料来制造输电线。

（8）古城西安因为历史悠久而闻名于中外。

3. 回答问题：

Answer the following questions:

（1）举例说明地球有很大的吸引力。

（2）什么是第一宇宙速度？

（3）什么是第二宇宙速度？

（4）什么是人造地球卫星？

（5）为什么人造地球卫星能绕着地球运转而不落到地面上来呢？

（6）在什么情况下，发射到高空的装置，可以飞离地球而绕着太阳运转？

（7）人造地球卫星有哪几种运行轨道？不同的卫星分别选用哪种轨道？

第十九课
LESSON 19

"飞行金属"

课 文 Text

铝是"昨天"的"飞行金属"。由于它很轻，所以用来制造飞机。这样可以大大减轻飞机的重量，提高飞行的速度。不过，在"今天"，特别是"明天"，铝已经不是最好的"飞行金属"了。

飞机的速度越来越大，甚至要超过音速好几倍。飞行速度越大，飞机表面和空气的摩擦越厉害，空气受到的压缩也越厉害。摩擦和压缩都会使物体的温度升高。在飞行速度超过音速好几倍时，飞机表面的温度可以达到四五百摄氏度。可是，最好的铝合金，也只能耐二三百摄氏度的高温。

那么在"今天"和"明天"，可以代替铝作为"飞行金属"的是什么呢？那就是钛。钛是一种重量比钢轻 1/2 的金属，但是它比钢坚硬得多，强度比钢高二至三倍。钛的熔点很高(1668℃)，就是把钛放在四五百摄氏度的高温下，它的特性也不会改变。钛还耐低温，耐腐蚀，在常温下稳定。极细的钛粉，还是火箭的好燃料。钛的这些特性正是高速飞行，特别是宇宙飞行所需要的。以钛为基础元素，再加入其他金属，就可以熔合成钛合金。钛合金是一种新型的结构材料，具有优异的综合性能，因此，在飞机、人造卫星、宇宙飞船、火箭、导弹、舰艇、化工等领域中获得日益广泛的应用。钛和钛合金才是"今天"，特别是"明天"最好的"飞行金属"。

生 词 New Words

1.	飞行（动）	fēixíng	to fly
2.	铝（名）	lǚ	aluminium (Al)
3.	用来（动）	yònglái	to use, to apply, to employ
4.	大大（副）	dàdà	greatly
5.	减轻（动）	jiǎnqīng	to lighten
6.	特别（形）	tèbié	especially
7.	甚至（连）	shènzhì	so far as to; even
8.	超过（动）	chāoguò	to surpass
9.	音速（名）	yīnsù	the velocity of sound
10.	厉害（形）	lìhai	terrible

11. 合金（名）	héjīn	alloy
12. 耐（动）	nài	to be able to bear or endure
13. 代替（动）	dàitì	to replace
14. 作为（动）	zuòwéi	to regard as, to take for
15. 钛（名）	tài	titanium (Ti)
16. 强度（名）	qiángdù	intensity, strength
17. 至（动）	zhì	to, till, until
18. 熔点（名）	róngdiǎn	melting point
19. 腐蚀（动）	fǔshí	to corrode
20. 稳定（形）	wěndìng	stable, steady
21. 细（形）	xì	thin, fine
22. 粉（名）	fěn	dust, powder
23. 燃料（名）	ránliào	fuel
24. 高速（形）	gāosù	high speed
25. 元素（名）	yuánsù	element
26. 加入（动）	jiārù	to put in; to mix, to add
27. 熔合（动）	rónghé	to fuse
28. 新型（形）	xīnxíng	new type
29. 优异（形）	yōuyì	excellent, outstanding
30. 综合（动、形）	zōnghé	to synthesize; comprehensive
31. 性能（名）	xìngnéng	property, quality
32. 宇宙飞船（名）	yǔzhòu fēichuán	spaceship
33. 导弹（名）	dǎodàn	guided missile
34. 舰艇（名）	jiàntǐng	naval vessels
35. 化工（名）	huàgōng	chemical industry
36. 日益（副）	rìyì	increasingly, day by day
37. 广泛（形）	guǎngfàn	extensive, wide

 注释 Notes

1. 用来制造飞机

"用来"中的"来"并不表示趋向，只起连接方式、手段与目的的作用。

来 in 用来 does not indicate the direction of an action, but connects the means one employs in doing something with the ends one intends to reach.

2. 超过音速好几倍

"好"在这里是副词，用在数量词前，表示数量多。

好, an adverb here, is used to stress a large amount or number when it is used before a numeral or a measure word.

3. 钛才是"今天",特别是"明天"的"飞行金属"

副词"才"（2）在这里表示强调所说的事。

才 (2), an adverb, is here used to emphasize what follows it.

1. 甚至

The conjunction 甚至

"甚至"是连词，用来引出突出的事例，有更进一层的意思。

The conjunction 甚至 is often used to introduce a special situation which shows an additional layer of meaning.

例如：

（1）他最近很忙，甚至星期天都不休息。

（2）我一有时间就上网，甚至忘了吃饭。

（3）火车的速度越来越快，甚至每小时超过 400 公里。

（4）钛能耐高温，甚至在四五百摄氏度的条件下，它的特性也不会改变。

（5）北京夏天的气温可以达到 36℃，有时甚至达到 39℃。

（6）小提琴协奏曲《梁祝》，不仅中国人喜欢听，甚至外国人也喜欢听。

2. 特别是

副词"特别"后面常带"是"字。"特别是"表示在几件事物中提出一件着重加以说明。

特别 is an adverb. It is very often accompanied by 是. 特别是 means "rendering one thing mentioned above as distinct from the others" for the purpose of emphasis.

例如：

（1）他非常喜欢体育运动，特别是踢足球。

（2）桂林的风景太美了！特别是漓江两岸，秀丽如画。

（3）今年冬天，北京很冷，特别是昨天夜里气温下降到 –17℃。

（4）天坛是中国有名的古代建筑群，特别是里面的回音壁和三音石更吸引游人。

（5）新型的结构材料，特别是钛合金，广泛用于飞机、火箭、导弹、人造卫星、宇宙飞船、舰艇等领域。

3."在……中"格式

The construction 在 ... 中

"在……中"与"在……里"、"在……内"意义相近，除了表示具体的方位或处所以外，还可以用来表示范围、过程或条件等。

The constructions 在 ... 中, 在 ... 里 and 在 ... 内 are similar in meaning and can be used to express scope, process or condition, as well as specific position and locality.

例如：

（1）人在死海中受到较大的浮力，可以随意漂浮在水面上。

（2）钛合金在宇宙飞行等领域中得到了日益广泛的应用。

（3）在蜂窝、晶体、雪花中，甚至在外层空间中，都发现了正六边形的物质结构。

（4）物质在发生化学变化的过程中，一定伴随着物理变化。

（5）飞机在超音速飞行中，飞机的表面温度可以达到四五百摄氏度。

（6）氢气在氧气中燃烧，可以生成水。

练习 Exercises

1. 用"甚至"和括号内的词语回答问题：

Answer each of the following questions using 甚至 and the words given:

例：北京的夏天热吗？

北京的夏天很热，有时最高气温甚至达到39℃。

（1）他每天晚上学习到几点？（十二点）

（2）你最近工作忙吗？（晚上和星期天）

（3）她的汉语水平怎么样？（看中文小说）

（4）钛能用来制造飞机吗？（宇宙飞船）

（5）人造卫星能够绕月球运转吗？（太阳）

2. 把"特别是"放在句子中的恰当位置上：

Find the proper positions in the following sentences for 特别是：

（1）她非常喜欢音乐，更喜欢古典音乐。

（2）今天大家在长城游览得很高兴，保罗第一次来这儿更高兴。

（3）这次考试，全班同学都考得不错，安娜成绩更好。

（4）在大气中飞行需要耐高温的新型材料，在宇宙航行中更需要这样的材料。

（5）黄山的风景非常美，黄山四绝：奇松、怪石、云海和温泉更是闻名中外。

3. 用"在……中"格式完成句子：

Complete the following sentences with 在 ... 中：

（1）_____ 的高压水，压强大约为 350 个大气压。

（2）_____ 的物体，都会受到大气的压力。

（3）_____，物质的形状、状态会发生变化。

（4）_____，任何两个物体之间都存在着万有引力。

（5）_____，许多东西都改变了性质。

（6）汽油 _____ 燃烧，生成二氧化碳和水蒸气。

4. 回答问题：

Answer the following questions:

（1）人们为什么用铝制造飞机？

（2）为什么说铝还不是最好的"飞行金属"？

（3）钛有哪些特性？

（4）钛和钛合金在哪些领域中有着广泛的应用？

第二十课 LESSON 20 金属与非金属

 Text

到今天为止，人们已经发现了 109 种元素。其中在自然界存在的有 92 种，另外十几种是人造的。按照这些元素的原子结构和性质，通常把它们分为金属和非金属两大类。金属和非金属的不同特性主要表现在以下几个方面：

（一）从原子结构来看，金属元素的原子最外层电子数较少，一般小于 4；而非金属元素的原子最外层电子数较多，一般大于 4。

（二）从化学性质来看，在化学反应中金属元素的原子易失去电子，表现为还原性，常做还原剂。非金属元素的原子在化学反应中易得到电子，表现为氧化性，常做氧化剂。

（三）从物理性质来看，金属与非金属有着较多的差别，主要是：

1. 一般说来，金属单质具有特殊的金属光泽，大多数金属为银白色；而非金属单质则具有各种各样的颜色，一般不具有金属光泽。

2. 金属除汞在常温时为液态外，其他金属单质都呈固态；而非金属单质在常温时多为气态，也有的呈液态或固态。

3. 一般说来，金属都比较重，密度较大，而且难熔化；而非金属的密度则较小，熔点较低。

4. 金属大都善于传热、导电；而非金属却不善于传热、导电。

5. 大部分金属有延展性；而非金属往往没有延展性，固体非金属通常很脆。

金属	有光泽	难熔化	导电	传热快	可打成片或拉成丝
非金属	无光泽	易熔化	不导电	传热慢	易碎

必须明确上述各点不同，都是"一般情况"或"大多数情况"，而不是绝对的。实际上，金属与非金属之间没有绝对的界限，它们的性质也不是截然分开的。有些非金属具有一些金属的性质，如石墨的化学成分是碳，它是非金属，但它却跟金属一样，具有灰色的金属光泽，是电

的良导体，在化学反应中可做还原剂；又如硅是非金属，但它具有金属光泽。硅既不是导体也不是绝缘体，而是半导体。也有某些金属具有非金属的一些性质，如锑虽然是金属，但它的性质却非常脆，又不易传热、导电，灰锑的熔点低、易挥发等，这些都属于非金属的性质。

生词 New Words

1.	非金属（名）	fēijīnshǔ	nonmetal
2.	到……为止	dào...wéizhǐ	till, until
3.	其中（名）	qízhōng	among (which, them, etc.), in (which, it, etc.)
4.	表现（动）	biǎoxiàn	to show, to express, to display
5.	易（形）	yì	easy
6.	失去（动）	shīqù	to lose
7.	还原剂（名）	huányuánjì	reducing agent
8.	还原（动）	huányuán	to reduce, to restore
9.	氧化（动）	yǎnghuà	oxidize
10.	差别（名）	chābié	difference, distinction
11.	单质（名）	dānzhì	simple substance
12.	特殊（形）	tèshū	special
13.	光泽（名）	guāngzé	gloss
14.	银白色（形）	yínbáisè	silvery
15.	则（连）	zé	however, then
16.	各种各样	gèzhǒng-gèyàng	all kinds of …, various
17.	善于（动）	shànyú	to be good at
18.	传热（动）	chuánrè	to conduct heat
19.	导电（动）	dǎodiàn	to transmit electric current, to conduct electricity
20.	延展性（名）	yánzhǎnxìng	ductility
21.	明确（动）	míngquè	to make clear and definite
22.	绝对（形、副）	juéduì	absolute; absolutely
23.	界限（名）	jièxiàn	limits demarcation
24.	截然（副）	jiérán	sharply, entirely
25.	成分（名）	chéngfèn	composition
26.	碳（名）	tàn	carbon (C)
27.	灰（形）	huī	grey
28.	良导体（名）	liángdǎotǐ	good conductor
29.	导体（名）	dǎotǐ	conductor
30.	硅（名）	guī	silicon (Si)
31.	绝缘体（名）	juéyuántǐ	insulator
32.	半导体（名）	bàndǎotǐ	semiconductor

33. 某（代）	mǒu	certain, some
34. 锑（名）	tī	antimony (Sb)
35. 挥发（动）	huīfā	to volatilize

 **Notes**

1. 又不易传热、导电

副词"又"（2）表示几种情况或性质同时存在。

The adverb 又 (2) here means "also, as well".

2. 善于

"善于"后面必须是双音节动词或动宾结构。

善于 means "to be good at" and what immediately follows it must be a disyllabic verb or a verb-object construction.

3. 化学元素的中文命名

The Rules of Naming Chemical Elements in Chinese

每一个化学元素的中文名称，从词形上都有明显的标志，即带有表意的偏旁：非金属的元素的中文名称带有"气"字头（"气"），如氢、氧、氮；"石"字旁（"石"），如碘、碳、磷；三点水（"氵"），如溴，分别表示元素通常处于气体、固体或液体状态。除"汞"以外，金属元素的中文名称都带有"金"字旁（"钅"），如铁、铝、银、钠、锌。在科学术语中，所有的化学元素都是单音词。

The Chinese name for each chemical element contains a sign in its character form, the ideographic radical, which shows what type of element it refers to. The Chinese names of non-metallic elements consist of the radical 气 (gas) representing a gaseous state, as seen in 氢 (hydrogen), 氧 (oxygen), or 氮 (nitrogen), the radical 石 (stone) which represents a solid state and can be seen in 碘 (iodine), 碳 (carbon), 磷 (phosphorus), or the radical 氵 (water) which represents a liquid and can be seen in characters such as 溴 (bromine). Except for 汞 (mercury), the Chinese names of the metal elements all contain the radical 钅 (metal), such as 铁 (iron) 铝 (aluminum), 银 (silver), 钠 (sodium), and 锌 (zinc). All the chemical elements in scientific terms are monosyllables.

 **Grammar**

1. 则

The conjunction 则

连词"则"是文言虚词，现在只用于书面语。

则 is a functional word in classical Chinese, that often occurs in written form.

"则"可以连接表示对比关系的两个分句，带有转折的语气，相当于"却"。

则 can be used to link two clauses of a compound sentence expressing a comparison between two things, and is the same as 却 (but or however).

例如：

（1）指南针一头指向南方，而另一头则指向北方。

（2）大部分金属是银白色的，非金属则具有各种各样的颜色。

（3）在常温时，金属单质除汞以外都呈固态，而非金属单质则多为气态。

（4）一个物体的质量在任何地方都是一样的，而它的重量在地球上不同的地方则是不同的。

"则"跟"如果、假如"搭配，构成"如果……则……"和"假如……则……"格式，表示假设关系。这里"则"相当于"那、那么"。

则 can form the constructions 如果 … 则 … and 假如 … 则 … with 如果 and 假如, indicating a suppositional relationship between the things mentioned. 则 is here the same as 那 or 那么.

例如：

（5）如果温度越来越高，则水蒸发得也越来越快。

（6）假如水压机大活塞的横截面积是 20 厘米^2，由水传来的压强是 5 牛顿/厘米^2，则大活塞上所得到的压力为 100 牛顿。

"则"还跟"既然"搭配，构成"既然……则……"格式，表示推论因果关系。这里"则"相当于"那、那么"。

则 can also be used in the construction 既然 … 则 … to indicate a cause and its effect. 则 is here the same as 那 or 那么.

例如：

（7）既然万有引力定律是自然界最普遍、最基本的定律之一，则它一定适用于两个星球之间的相互作用。

（8）既然钛在四五百摄氏度的高温下，它的特性也不会改变，则钛才是"今天"，特别是"明天"最好的"飞行金属"。

2. 而

The conjunction 而

"而"是从古代沿用下来的连词，多用于书面语。主要表示以下几个意思：

而 is a conjunction in classical Chinese, and now it is very often used in written Chinese. It has the following meanings:

A. 连接意义相对或相反的词语或分句，表示转折关系，相当于"可是、但是、却"等。

When joining two elements which are contrary or opposite to each other in meaning, 而 functions like"可是，但是，却".

例如：

（1）学习汉语而不多练习口语，那是学不好的。

（2）钛是一种重量轻而熔点高的金属。

（3）现在北京的天气还比较冷，而南方已经很热了。

（4）在常温下，一般金属都是固体，而水银却是液体。

（5）石墨是非金属，却是电的良导体，而锑是金属，却不易导电。

B. 表示同等、相承或递进的关系，相当于"和、与、又、并且"等。

When introducing a coordinate, successive or progressive relation, 而 functions like 和, 与, 又, 并且.

例如：

（6）她有一双大而黑的眼睛。

（7）氧气能跟很多物质发生反应而变成新的物质。

（8）人造地球卫星能绕着地球旋转而很久不落下来。

（9）人在死海里游泳，可以随意漂浮在水面上而不会下沉。

（10）大多数物质都是由分子组成的，而分子又是由原子组成的。

（11）圆柱形容器是一种节省材料而又使用方便的容器。

（12）汉语是可以学好的，而学好的关键是多听、多说、多读、多写。

C. 连接状语和谓语动词，表示目的、原因、依据、方式、方法、状态等。

而 may also be used to link the adverbial modifier with the verb beside it to show purpose, reason, basis, way, means or state etc.

例如：

（13）为了实现远距离无损耗输电而采用超导电线。

（14）钛合金因为具有优异的综合性能而广泛地应用于飞机制造、宇宙航行等领域中。

（15）通信卫星、广播卫星和气象卫星都是按照与地球同步的轨道而运行的。

（16）声波沿着回音壁的光滑墙面不断地反射而传播到远处。

（17）在工业上，利用低温把空气变成液体，然后再慢慢提高温度，而分别得到氮气和氧气。

（18）人造地球卫星正以 7.9 公里 / 秒的速度绕着地球运转而不会被地球的引力拉回地面。

练习 Exercises

1. 用"则"完成句子：

Complete the following sentences with 则：

（1）金属大都善于传热、导电，而非金属 ＿＿＿＿＿＿＿。

（2）物质的分子可以分成原子，而这些原子 ＿＿＿＿＿＿＿。

（3）制造一般飞机用铝合金就可以了，而制造高速飞机 ＿＿＿＿＿＿＿。

（4）在物理变化中，物质的性质不会改变，而在化学变化中，＿＿＿＿＿＿＿。

（5）假如把钢管堆放成等边三角形的形状或等腰梯形的形状，＿＿＿＿＿＿＿。

（6）既然在超低温情况下，有的导体电阻为 0，＿＿＿＿＿＿＿。

2. 把左右意义上有关联的分句用"而"连接起来：

Make sentences with two relevant clauses, one from column A and one from column B, using 而 to join them together:

A	B
（1）除水银以外其他金属在常温下是固体	石墨却具有金属光泽
（2）物质的分子可以分成原子	非金属大部分是气体
（3）大部分非金属没有光泽	原子又可以按照别的方式重新结合成新的分子
（4）大部分金属具有延展性	铁的分子却很小
（5）塑料的分子很大	固体非金属通常很脆

3. 把左右意义上有关联的分句用"而"连接起来，并说明与练习 2 中的"而"在句中的作用有什么不同：

Make sentences with two relevant clauses, one from column A and one from column B, using 而 to join them together. Explain the difference between 而 as used in Exercise 2 and 而 as used in Exercise 3:

A	B
（1）身体好是学习好的条件	分子是由原子组成的
（2）大多数物质都是由分子组成的	身体好要常常锻炼
（3）人造卫星的速度大到 11.2 公里 / 秒时，	永远不落回地球上来就可以克服地球的引力绕着太阳运转
（4）用正六边形的美术砖铺地	最冷的温度比 0℃低得多呢
（5）水变成冰只要到 0℃就可以了	没有空隙

4. 将"而"放在句子中的恰当位置上,并说明与练习 2 和 3 中的"而"在句中的作用有什么不同:

Fit the conjunction 而 into the following sentences. Explain the difference between 而 as used in Exercise 2 or 3 and 而 as used in Exercise 4:

（1）电流通过输电线时，因发热损失一部分能量。

（2）宇宙中的星球之间，由于万有引力的作用形成了现在的天体系统。

（3）在航海、大地测量、军事等领域，为了指示方向使用更为先进的电子指南针。

（4）水压机通过加大大活塞的横截面积和增大小活塞的压强得到很大的压力。

（5）蜜蜂为了增大蜂巢的面积、节约蜂蜡把蜂巢做成六边形的结构。

（6）水压机是按照液体传递压强的规律制成的。

5. 回答问题：

Answer the following questions:

（1）到今天为止，人们发现了多少种化学元素？你能用汉语说出几种来吗？

（2）通常人们把元素分成哪几类？

（3）金属和非金属有哪些不同的特性？

（4）金属和非金属之间有绝对的界限吗？举例说明。

（5）石墨、硅和锑有哪些特殊的性质？

第二十一课
LESSON 21
温度计

 **Text**

温度计是测量温度的一种仪器。

常用的温度计是根据液体热胀冷缩的性质制成的。

实验室里常用的是水银温度计。它是一根内径很细而且均匀的玻璃管，管的下端是一个玻璃泡，管和泡里有水银。在温度改变时，由于水银热胀冷缩，管内水银面的位置就随着改变，根据水银面到达的刻度就可以读出所测温度的度数。

除了水银温度计外，常用的还有酒精温度计。

不同的温度计，测量温度的范围不同。使用温度计时，必须注意它的最高刻度，不能用它去测量超过最高刻度的温度。

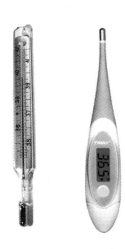

体温表是用来测量身体温度的。体温表的水银泡比较大，泡里水银的微小膨胀，就能使管内水银面的位置发生显著的变化。这样就使体温表的测量能够精确到十分之一度。体温表在 A 点附近内径非常细，下边泡里的水银膨胀时可以通过这里上升到上面去。体温表离开身体后，水银变冷收缩，就在这里断开，使上面的水银回不到泡里去。因此，体温表离开身体以后，还能表示身体的温度。

几年前，人们研制出了一种电子体温计。这种体温计是以热敏电阻作为测温元件，经温度—频率变换回路，将温度转换成频率，再经加减计数运算等，在液晶显示器上显示出被测温度。这种电子体温计具有以下特点：热容量小，响应速度快；数字显示，读数准确；由开关控制通断，十分方便。

New Words

1.	仪器（名）	yíqì	instrument
2.	热胀冷缩	rèzhàng lěngsuō	expand when hot and contract when cold
3.	内径（名）	nèijìng	internal diameter
4.	均匀（形）	jūnyún	even, well-distributed

5. 管（名）	guǎn	tube, pipe
6. 泡（名）	pào	bubble
7. 随（动）	suí	to follow, to accompany
8. 到达（动）	dàodá	to get to, to reach
9. 刻度（名）	kèdù	graduation
10. 读（动）	dú	to read
11. 测（动）	cè	to survey
12. 度数（名）	dùshù	degree
13. 酒精（名）	jiǔjīng	alcohol
14. 范围（名）	fànwéi	scope, range
15. 膨胀（动）	péngzhàng	to expand
16. 显著（形）	xiǎnzhù	notable, obvious
17. 精确（形）	jīngquè	accurate, precise
18. 上升（动）	shàngshēng	to go up
19. 收缩（动）	shōusuō	to contract
20. 断（动）	duàn	to break, to stop
21. 研制（动）	yánzhì	to research and produce
22. 热敏电阻	rèmǐn diànzǔ	thermal resistor
23. 经（动）	jīng	to pass through
24. 变换（动）	biànhuàn	to vary, to shift, to change
25. 回路（名）	huílù	return circuit
26. 转换（动）	zhuǎnhuàn	to shift, to change
27. 计数（动）	jìshù	to count
28. 运算（动）	yùnsuàn	to calculate
29. 液晶（名）	yèjīng	liquid crystal
30. 显示器（名）	xiǎnshìqì	monitor
31. 显示（动）	xiǎnshì	to show, to display
32. 热容量（名）	rèróngliàng	heat capacity
33. 响应（动）	xiǎngyìng	to respond, to answer
34. 读数（名）	dúshù	reading
35. 准确（形）	zhǔnquè	accurate, exact
36. 开关（名）	kāiguān	switch, button
37. 控制（动）	kòngzhì	to control
38. 通（动）	tōng	to open

 **Notes**

从水银面到达的刻度……

　　"到达"和"达到"二者意思相近，但"到达"只能带处所宾语，而"达到"可以跟"目的、水平、程度”等抽象名词搭配，不跟处所宾语搭配。

到达 means "to arrive", and is almost the same as 达到 , but 到达 can only take a position word as its object, while 达到 may take an abstract noun, such as 目的, 水平, 程度 etc., as its object, but never a position word.

 **Grammar**

1. 复杂定语

Complicated attributives

一个中心语同时带两个以上的定语，这叫做复杂定语。各定语之间的关系有三种：

Sometimes a noun may have two or more attributives which are known as complicated attributives. There are three different types:

A. 并列关系

Coordinate attributives

各并列的定语没有主次之分。其顺序一般是自由的，但有些并列定语是按逻辑关系或习惯排列的。

The order of coordinate attributives is generally free, but sometimes the order is determined by logic or habit.

例如：

（1）氧气和氮气的性质

（2）传热、导电的物质

（3）正三角形、正方形或正六边形的美术砖

（4）飞机、人造卫星、火箭、导弹、舰艇等领域

（5）下雪、降温的天气

（6）老师和同学的帮助

B. 递加关系

Additional attributives

几个定语逐次加在中心语前面，每个定语都是修饰后面定语和中心语整个结构的。

In this case, the attributives are arranged in such a way that each attributive modifies what follows it as a whole. The order is more or less fixed.

例如：

（7）一本有意思的汉语书

“书”是中心语，“汉语”是修饰“书”的，“有意思”是修饰“汉语书”的，“一本”是修饰“有意思的汉语书”的。

In the example above, 书 is the modified central word. 有意思 modifies 汉语书, and 一本

modifies 有意思的汉语书.

例如：

（8）109 种化学元素

（9）最好的钛合金

（10）人造地球卫星

（11）水压机的工作原理

（12）世界上最早的指南针

（13）我们所观察到的各种各样的自然现象

C. 交错关系

Interlaced attributives

并列关系定语和递加关系定语交错在一起。

A combination of the two types of attributives described above.

例如：

（14）不冷不热的好天气

（15）自然界最普遍、最基本的物理定律

（16）能够单独存在，并保持物质化学性质的最小微粒

（17）耐高温、耐低温、耐腐蚀、在常温下稳定的新型结构材料

例（14）中的"天气"是中心语，"好"修饰"天气"，并列定语"不冷不热"修饰"好天气"。

In example (14), 天气 is the word that all attributives modify; 好 modifies 天气; 不冷不热 are two coordinate attributives modifying 好天气.

2. 复杂定语的排列顺序

The order of complicated attributives:

复杂定语的排列顺序很复杂，一般顺序是：

The order of complicated attributives is complex, but normally goes as follows:

①表示领属关系的名词或代词

Possessive noun or pronoun

②处所词和时间词可以互为先后

Position word followed by the time word or vice versa

③主谓结构

Subject-predicate construction

④动词结构、介词结构

Verbal construction or prepositional construction

⑤指示代词和数量词

Demonstrative pronoun and numeral-measure word

⑥形容词、形容词结构

Adjective or adjectival construction

⑦修饰性名词或不用"的"的动词、形容词。

Qualifying noun, verb or adjective without 的.

例如：

（1）我家昨天的报

　　①　②

（2）我朋友买的放在桌子上的那些中文书

　　③　　④　　⑤　⑦

（3）我们去过的那个最好看的公园

　　③　　⑤　⑥

指示代词和数量词的位置比较自由，也可以在③或④之前，但不能在①或②之前、⑦之后。

The demonstrative pronoun and the numeral-measure word can come before ③ or ④, but never before ① or ②, or after ⑦.

例如：

（4）一根内径很细而且均匀的玻璃管

　　⑤　　③　　　⑦

（5）我们的一位教过很多年书的汉语老师

　　①　⑤　④　　⑦

此外，由于修辞的需要，定语的整个排列次序和"的"的使用也是比较灵活的。

In order to be more rhetorically effective, the arrangement of attributives and the use of 的 is not fixed.

练习 Exercises

1. 找出中心语的定语并注意它们的排列顺序：

Point out the attributives in each sentence, and pay attention to their order:

（1）金属元素的原子最外层电子数较少。

（2）原子是物质进行化学反应的基本微粒。

（3）分子是能够单独存在的，并保持物质化学性质的最小微粒。

（4）二氧化碳在 −75℃以下，会变成像雪一样的白色固体。

（5）钛合金是一种耐高温、耐低温、耐腐蚀、在常温下稳定的新型结构材料。

（6）人造地球卫星是由人类建造，用运载火箭发射到高空中，像月球一样环绕地球运行的装置。

2. 把中心语的定语的顺序排列好：

Arrange the attributives in each sentence in the correct order:

（1）37 是（奇妙，一个）的数。

（2）木块在水中受到（向上托起，一个）的力。

（3）天坛是（建筑，中国，有名，古代）群。

（4）水压机有（带活塞，大小不同，底部互相连通，两个）的圆筒。

（5）万有引力定律是（最基本，自然界，物理，最普遍）的定律。

（6）三个正六边形拼在一起时，（角，三个，在公共顶点上）的和等于 360°。

3. 用 A、B、C 中意义相关的词语造句：

Make sentences by matching the three relevant phrases from columns A, B and C:

A	B	C
指南针	测量温度	一种仪器
人造地球卫星	指示方向	一种工具
温度计	宇宙中物体之间相互吸引	一种装置
万有引力	制造人造卫星、宇宙飞船	一种机器
体温表	把钢锭压制成各种零件	一种新型材料
钛合金	由人类建造环绕地球运行	一种力
水压机	测量身体温度	一种仪器

4. 回答问题：

Answer the following questions:

（1）温度计是根据什么原理制成的？

（2）谈谈温度计的构造。使用温度计时应该注意什么？

（3）为什么体温计能精确地测量体温？

（4）体温计离开人体后，为什么还能表示人体的体温？

（5）谈谈电子体温计的工作原理、构造和特点。

第二十二课 LESSON 22　稀释浓硫酸

课文 Text

在实验室里，常常要稀释浓硫酸。

在稀释浓硫酸时，应该特别注意：不能把水倒进浓硫酸里，只能把浓硫酸倒进水里。如果把水倒进浓硫酸里，水就立刻沸腾起来，硫酸也就会飞溅出来，烧坏衣服，烧伤皮肤。如果把浓硫酸慢慢地倒进水里，就不会发生上述现象。

这是为什么呢？

浓硫酸

因为浓硫酸的比重是 1.84，比水差不多大一倍。把水倒进浓硫酸里，水就浮在上面。硫酸分子很容易与水分子结合，发生剧烈的反应，并放出大量的热，使水立刻沸腾起来，硫酸也就随着向四周飞溅出来。

把浓硫酸慢慢地到进水里，情况就不同了。因为浓硫酸的比重比水大，它逐渐沉到水底，分散到水的各个部分。浓硫酸跟水起反应所产生的热量，均匀地分散在溶液里，使溶液的温度慢慢上升。这样，溶液就不会沸腾了。

为防止发生事故，一般情况下在稀释浓硫酸时，还要注意：一边沿着器壁或玻璃棒慢慢地倒一边不断地搅拌，使产生的热量迅速地扩散，以免局部过热，引起剧烈沸腾。

另外，必须在烧杯里稀释浓硫酸。同时，人要离烧杯远一些，以免发生危险。

如果浓硫酸溅到身上，要立刻用大量的水洗。否则，它与少量的水反应所放出的热量，不但不容易散失，反而会严重地烧坏衣服或烧伤皮肤。

生词 New Words

1. 稀释（动）	xīshì		to dilute
2. 浓（形）	nóng		concentrated, thick

3. 硫酸（名）	liúsuān	sulphuric acid (H_2SO_4)
4. 倒（动）	dào	to pour
5. 沸腾（动）	fèiténg	to boil
6. 飞溅（动）	fēijiàn	to splash, to spatter
7. 烧（动）	shāo	to burn
8. 伤（动、名）	shāng	to hurt; wound
9. 皮肤（名）	pífū	skin
10. 比重（名）	bǐzhòng	specific gravity
11. 剧烈（形）	jùliè	violent
12. 大量（形）	dàliàng	a large quantity
13. 四周（名）	sìzhōu	on all sides
14. 溶液（名）	róngyè	solution
15. 防止（动）	fángzhǐ	to prevent
16. 事故（名）	shìgù	accident
17. 一边……一边……	yìbiān…yìbiān…	at the same time, simultaneously
18. 沿着（介）	yánzhe	along
19. 器壁（名）	qìbì	beaker wall
20. 棒（名）	bàng	stick, club
21. 扩散（动）	kuòsàn	to diffuse, to proliferate
22. 以免（连）	yǐmiǎn	so as not to, in order to avoid
23. 局部（名）	júbù	part
24. 过热（形）	guòrè	superheat
25. 引起（动）	yǐnqǐ	to cause
26. 烧杯（名）	shāobēi	beaker
27. 同时（名、副）	tóngshí	at the same time
28. 危险（形）	wēixiǎn	dangerous
29. 否则（连）	fǒuzé	otherwise
30. 少量（形）	shǎoliàng	a small amount
31. 散失（动）	sànshī	to dissipate
32. 反而（副）	fǎn'ér	on the contrary, instead
33. 严重（形）	yánzhòng	severe, serious

注释 Notes

1. 沸腾起来

"起来"用在动词后，可以表示动作开始并继续下去。

起来 may be used after a verb to indicate the beginning and continuation of an action.

2. 过热

"过"在这里是副词，有过分的意思，表示超过了一定的范围或程度，后面一般跟着单音节形容词。

过, an adverb, here means "excessively" or "unduly", showing that someone or something goes beyond what is allowed, necessary or advisable. It is usually followed immediately by a monosyllabic adjective.

 **Grammar**

1. 以免

The conjunction 以免

连词"以免"常用于复句中后一分句开头，表示行动和目的之间的关系。前一分句表示行动，是实现某种意图的凭借；后一分句表示目的，是采取某种行动所要避免的结果。多用于书面语。

The conjunction 以免, which occurs mostly in written Chinese, is normally used at the beginning of the second clause of a subordinate compound sentence. In this kind of sentence, the first clause points to an action or an intention, and the second clause indicates what should be avoided when putting the action or intention into practice.

例如：

（1）有事就打电话来，以免来回跑。

（2）下雪天要慢慢地骑车，以免摔倒。

（3）这几天很冷，要多穿点儿衣服，以免感冒。

（4）路上开车一定要十分小心，以免发生事故。

（5）稀释浓硫酸时，一定不能先把水倒进浓硫酸里，以免发生危险。

2. 否则

The conjunction 否则

连词"否则"意思是"如果不是这样的话"，用于复句中后一分句的开头。

The conjunction 否则 is placed at the beginning of the second clause in a compound sentence, meaning "otherwise".

例如：

（1）你最好今天晚上去那儿，否则就星期天去。

（2）我不知道您病了，否则我早来看您了。

（3）我们一定要学好科技汉语，否则学专业时就会遇到很大的困难。

（4）自然界的各种生命都离不开空气和水，否则月球上早就有生命了。

（5）稀释浓硫酸时，一定要先把浓硫酸慢慢地倒进水里，否则浓硫酸就会飞溅出来，烧坏衣服，烧伤皮肤。

3. "不但不（没有）……反而……" 格式
The construction 不但不（没有）... 反而 ...

"反而"表示与原来预料的或通常的情况相反，可以单用。"不但不（没有）……反而……"这种格式是从否定方面来表示递进的关系。"不但不（没有）"引出一种否定的意思，"反而"从肯定方面把意思推进一层

反而 is used to introduce a fact that is contrary to what is expected, and can be used on its own. The construction 不但不（没有）... 反而 ... is used to show a progressive relationship from the aspect of negation. 不但不（没有）is used to introduce a negation, and 反而 takes the idea a step further.

例如：

（1）他住得最远，反而先到了。

（2）春天到了，反而下起雪来了。

（3）雨不但没停，反而越下越大了。

（4）水变成冰时，不但不收缩，反而膨胀了。

（5）在超低温条件下，水银的电阻不但没有增大，反而突然变为 0 了。

练习 Exercises

1. 用"以免"完成句子：

Complete the following sentences with 以免：

（1）过马路时一定要小心，_____。

（2）有病一定要去医院检查，_____。

（3）明天去参观的事儿你再通知她一下，_____。

（4）下雪天骑自行车要特别注意，_____。

（5）把硫酸倒进水里时，要一边倒一边搅拌，_____。

2. 用"否则"改写句子：

Rewrite the following sentences with 否则：

（1）不预习好生词，上课就听不懂。

（2）她可能病了，今天才没有来上课。

（3）学习汉语一定要多听、多说、多读、多写，如果不这样做的话，就学不好。

（4）制造高速飞机必须用钛合金，因为机身可能被飞行过程中产生的高温熔化掉。

（5）人造地球卫星的速度必须达到 7.9 公里／秒，才能绕着地球运转而不会被地球引力拉回地面。

3. 用"反而"完成句子：

Complete the following sentences with 反而：

（1）她年纪大了，身体 ＿＿＿＿＿＿＿＿。

（2）冬天到了，天气 ＿＿＿＿＿＿＿。

（3）做了手术以后，她的病不但没有好，＿＿＿＿＿＿＿。

（4）我等了一个小时，雨不但没有停，＿＿＿＿＿＿＿。

（5）我们生活在地球上，不但感觉不到地球在飞速运动，＿＿＿＿＿＿＿。

4. 回答问题：

Answer the following questions：

（1）在稀释浓硫酸时应特别注意什么？

（2）为什么要把浓硫酸倒入水中，而不能把水倒入浓硫酸里？

（3）在稀释浓硫酸时还应该注意什么？

第二十三课
LESSON 23
神奇的电脑

 Text

电脑，是电子计算机的另外一个名字。它能计算和记忆，处理各种信息，还能按照人的指令工作，自动完成人交给它的各种任务，是一种非常神奇的工具。

我们可以用电脑输入文字，而且还能对文章进行修改和编辑。现在的电脑有多媒体功能，除了能播放 VCD 影碟和 CD 唱片之外，还可以用声音来输入中文。另外，利用电子写字板可以像平常一样输入文字，速度可快了。

更令人惊奇的是，接通国际互联网后，坐在家里，你就可以漫游世界了。这网上的世界可真精彩呀！有新闻报道、经济、文化、教育、科学技术和旅游等信息，还有图书馆、博物馆、中文学校、电影院、游乐园、超级市场、银行、医院等网页，真是应有尽有。打开电脑网络，简直就像打开了一套包罗万象的大百科全书，怎么不令人着迷呢？

利用电脑网络，我们可以收发电子邮件，与远处的网友聊天，预订机票和饭店，买卖东西，开博客等。在电脑上做这些事情，既经济又方便。

电脑从发明到现在，只有短短的几十年，但是人们都知道它具有神奇的本领，在各行各业中已经广泛地应用它了。有了电脑的帮助，工作起来既省时又省力。电脑在我们的生活中将会越来越重要。如果我们学会了使用和操作电脑，它一定会给我们的学习、工作和生活带来很大的帮助。只有熟练地使用电脑，才能适应现代的生活。

生词 New Words

1. 神奇（形）	shénqí	magical, miraculous
2. 记忆（动、名）	jìyì	to remember, to recall; memory
3. 处理（动）	chǔlǐ	to handle, to dispose of
4. 指令（名、动）	zhǐlìng	directive; to order, to direct
5. 自动（形）	zìdòng	automatic

6. 完成（动）	wánchéng	to complete
7. 任务（名）	rènwu	task, assignment
8. 输入（动）	shūrù	to import, to input
9. 文字（名）	wénzì	character
10. 文章（名）	wénzhāng	essay, article
11. 修改（动）	xiūgǎi	to revise, to modify
12. 编辑（动、名）	biānjí	to edit, to compile; editor, compiler
13. 多媒体（名）	duōméitǐ	multimedia
14. 播放（动）	bōfàng	to play
15. 影碟（名）	yǐngdié	DVD
16. 唱片（名）	chàngpiàn	record, disc
17. 写字板（名）	xiězìbǎn	writing pad
18. 令（动）	lìng	to make, to cause
19. 惊奇（形）	jīngqí	surprised, amazed
20. 接通（动）	jiētōng	to put through
21. 互联网（名）	hùliánwǎng	the Internet
22. 漫游（动）	mànyóu	to roam, to wander
23. 报道（动、名）	bàodào	to report, to cover; news report
24. 教育（名、动）	jiàoyù	education; to teach, to educate
25. 博物馆（名）	bówùguǎn	museum
26. 游乐园（名）	yóulèyuán	amusement park
27. 超级市场（名）	chāojí shìchǎng	supermarket
28. 网页（名）	wǎngyè	webpage
29. 应有尽有	yīngyǒu-jìnyǒu	to have everything that one expects to find
30. 简直（副）	jiǎnzhí	simply, just
31. 包罗万象	bāoluó-wànxiàng	all-embracing, all-inclusive
32. 百科全书（名）	bǎikē quánshū	encyclopedia
33. 网络（名）	wǎngluò	network
34. 远处（名）	yuǎnchù	distant place
35. 网友（名）	wǎngyǒu	webpage
36. 本领（名）	běnlǐng	skill, ability
37. 各行各业	gèháng-gèyè	all trades and professions
38. 省时	shěng shí	to save time
39. 省力	shěng lì	to save effort
40. 操作（动）	cāozuò	to operate
41. 熟练（形）	shúliàn	skilled, skilful
42. 适应（动）	shìyìng	to suit, to adapt, to fit
43. 现代（名）	xiàndài	modern

 **注 释 Notes**

1. 令人惊奇

"令"是动词，在这里表示使、让。

The verb 令 is here used to mean "to make, to cause".

2. 网上、电脑上

"上"用在名词后（在这里读轻声），常表示在某种事物的范围以内或某一个方面。

上，when used after a noun (uttered in a neutral tone), indicates range, sphere, limits, or a particular aspect of something.

 **语 法 Grammar**

1. 简直

The adverb 简直

"简直"用来强调完全达到或差不多达到了某种程度，有时是一种极端的程度，带有夸张的语气。

简直 is an adverb used to indicate that a situation or state of affairs has nearly or completely reached a certain degree, sometimes even an extreme degree, conveying a sense of exaggeration.

例如：

（1）天气这么冷，我简直受不了。

（2）这孩子简直太漂亮了！

（3）今年冬天，雪下得简直大极了。

（4）她汉语说得好极了，简直跟中国人一样。

（5）蜜蜂把自己的蜂窝建成六边形的结构，简直是个奇迹！

2. 用"怎么……呢"表示的反问句

Rhetorical questions with 怎么 … 呢

"怎么……呢"常用在反问句里。反问句是表示强调的一种方式，肯定形式强调否定的意思，否定形式强调肯定的意思。

怎么 … 呢 is often used in rhetorical questions. The function of a rhetorical question is to add emphasis, with the negative meaning being emphasized by the affirmative form, and the affirmative meaning being emphasized by the negative form.

例如：

（1）不坐飞机去，今天怎么能到香港呢?

（2）已经这么晚了，她怎么会来呢？

（3）电脑神奇极了！怎么不让我着迷呢？

（4）月球上既没有空气和水，昼夜温差又那么大，生命怎么能生存下去呢？

（5）黄山风景非常优美，黄山四绝：奇松、怪石、云海、温泉更是闻名中外，我们怎么能不去那儿旅游呢？

3. 复杂状语

Complex adverbials

一个中心语有两个以上的状语，这叫复杂状语。复杂状语之间的关系有三种：

If a central word has more than one adverbial, we say the central word has complex adverbials. There are three different types of complex adverbials:

A. 并列关系

Coordinate adverbials

可以在最后一项之后用"地"，也可以在每项之后用"地"。

With coordinate adverbials 地 can be used after either the last adverbial or each of the adverbials.

例如：

（1）他总是热情、认真地帮助我们。

（2）我们正在紧张而愉快地学习着。

B. 递加关系

Additional adverbials

例如：

（3）昨天晚上我从七点一直学习到十点半。

（4）声音被回音壁反射回来，立刻又向周围传播。

（5）水在常温下慢慢地变成水蒸气。

（6）钛在四五百度的高温下，它的特性也不会改变。

C. 交错关系

Interlaced adverbials

例如：

（7）他们正在北京语言大学紧张而愉快地学习汉语。

例（7）中，"紧张而愉快"是并列关系状语，"正在北京语言大学"和"紧张而愉快"又是递加关系。

紧张 and 愉快 are in juxtaposition with each other while 正在北京语言大学 and 紧张而愉快 are in an increasingly progressing relationship with each other.

复杂状语的排列顺序，大致如下：

The general order of complex adverbials is as follows:

①表示时间的词语

Time words or phrases

②数量词

Numeral-measure words

③副词

Adverbs

④主谓结构

Subject-predicate constructions

⑤介词结构

Prepositional constructions

⑥形容词、动词或表示程度的副词

Adjectives, verbs or adverbs of degree

例如：

（1）他每天早上都 比我们 早来十几分钟。

　　　　└────┘└┘ └────┘└───┘

　　　　　① 　　③ 　⑤ 　　⑥

（2）他们一个一个地都进来了。

　　　　└─────┘ └─┘

　　　　　② 　　　 ③

（3）她很客气地对我说："谢谢您！"

　　　　└───┘ └──┘

　　　　　④ 　　 ⑤

（4）在各行各业中已经广泛地应用电脑了。

　　　　└─────┘└─┘└─┘

　　　　　⑤ 　　 ③ ⑥

但是由于种种条件或修辞上的需要，状语的排列也可以不受上述顺序的限制。

But the order of adverbials is changeable according to circumstances or rhetorical functions.

练习 Exercises

1. 把"简直"放在句中恰当的位置上：

Find the proper position in the following sentences for 简直：

（1）她画的马跟真的一样。

（2）我不知道怎么回答这个问题。

（3）这样做是在浪费时间。

（4）屋子里热得待不住。

（5）听了他讲的故事，孩子们高兴极了。

（6）她不是在走，是在跑。

2. 用反问句"怎么……呢"改写句子：

Rewrite the following sentences with 怎么 ... 呢：

（1）一想到我就要去清华大学学习了，我非常高兴。

（2）她病刚好，还要休息几天，不能马上去上班。

（3）天坛是中国古代有名的建筑群，还有奇妙的回音壁，一定要去那儿游览。

（4）在外层空间中发现了六边形结构的物质，这个消息使天文学家兴奋极了。

（5）在高速飞行中，飞机的表面温度可以达到四五百摄氏度，不能再用铝合金来制造
这种飞机了。

3. 找出句子中的状语并注意它们的顺序：

Mark the adverbials in each sentence, paying attention to their order:

（1）她认真、清楚地回答了老师问的问题。

（2）二氧化碳很快地就从嘴里跑了出来。

（3）拍手的声音又从这里向周围传播。

（4）人们很早以前就很关心这个问题。

（5）昨天晚上我在网上给远方的朋友发了一封电子邮件。

4. 把句子中状语的顺序排列好：

Arrange the adverbials in each sentence in the correct order:

（1）他们（比我们　今天　早）回来一个小时。

（2）大家（都　认真地　昨天晚上）预习了生词。

（3）他（在这里　和安东尼　每天早上　一起）锻炼身体。

（4）圆柱形容器（使用时　更　跟立方体　长方体的容器比较）方便，既不容易碰坏，
也比较美观。

（5）加在密闭容器内液体上的压强（向各个方向　由液体　按照原来的大小）传递。

5. 回答问题：

Answer the following questions:

（1）电脑有哪些神奇的功能？

（2）为什么必须学会使用电脑？

（3）你使用电脑都做过什么呢？

第二十四课 光纤通信
LESSON 24

课文 Text

光纤就是光导纤维，它是一根比头发丝还细的玻璃丝。所谓光纤通信，就是利用光波在光导纤维中传递信息的一种通信方式。光纤通信是一门新兴的通讯技术。

光纤通信的工作原理：首先是把携带有各种信息的电信号转换成光信号（模拟信号或数字信号），再把待传的光信号调制到激光光源上去，然后通过光纤，传送到对方；对方接收端的探测器件接到激光光束以后，再把激光信号转变（解调）成原来的电信号。因此，在光纤两端必须有相应的电→光、光→电转换设备。

光纤通信与电缆通信有一些不同的地方：（1）传输的介质不同，光纤通信不是用金属导体，而是用光纤；（2）不是用电信号来传输数据，而是用光信号来传输数据；（3）因为光纤通信需要把电信号变为光信号，所以需要光源、光调制器和光检测器，而电缆通信就不需要这些器件。

光纤通信与电缆通信相比较，拥有无法比拟的优点：光纤通信有极宽的频带范围，光纤比电缆通信容量大 10 亿倍，一根比头发丝还要细的光纤可以同时传送几万路电话或几千路电视；抗干扰性强，因为光束在传输过程中不会受到外界电磁的干扰；保密性强，光束本身不会向外辐射信号，这就有效地防止了窃听；传输速度快，光纤是至今为止速度最快的传输介质；耐腐蚀；传输距离长。

生词 New Words

1.	光纤（名）	guāngxiān	optical fiber
2.	光导纤维（名）	guāngdǎo xiānwéi	optical fiber
3.	纤维（名）	xiānwéi	fiber
4.	头发（名）	tóufa	hair
5.	丝（名）	sī	wire, thread
6.	所谓（形）	suǒwèi	so-called
7.	光波（名）	guāngbō	light wave
8.	门（名、量）	mén	division; *a measure word*
9.	新兴（形）	xīnxīng	new and developing

10. 通讯（动、名）	tōngxùn	to communicate; communication
11. 携带（动）	xiédài	to carry; to take along
12. 信号（名）	xìnhào	signal
13. 模拟（动）	mónǐ	to imitate, to simulate; analogue
14. 待（动）	dài	to wait
15. 调制（动）	tiáozhì	to modulate
16. 激光（名）	jīguāng	laser
17. 光源（名）	guāngyuán	light source
18. 传送（动）	chuánsòng	to convey, to deliver
19. 对方（名）	duìfāng	the other side, the other party
20. 接收（动）	jiēshōu	to receive
21. 探测（动）	tàncè	to survey, to explore
22. 器件（名）	qìjiàn	device, instrument
23. 光束（名）	guāngshù	light beam
24. 转变（动）	zhuǎnbiàn	to change, to transform
25. 解调（动）	jiětiáo	to demodulate
26. 相应（动、形）	xiāngyìng	to correspond; corresponding, relevant
27. 设备（名）	shèbèi	equipment, installation
28. 电缆（名）	diànlǎn	electric cable
29. 传输（动）	chuánshū	to transmit
30. 介质（名）	jièzhì	medium
31. 数据（名）	shùjù	data
32. 检测器（名）	jiǎncèqì	detector
33. 检测（动）	jiǎncè	to test and examine, to test and measure
34. 拥有（动）	yōngyǒu	to possess, to have, to own
35. 比拟（动）	bǐnǐ	to compare
36. 优点（名）	yōudiǎn	merit, advantage
37. 宽（形）	kuān	wide
38. 频带（名）	píndài	frequency band
39. 抗干扰	kànggānrǎo	anti-interference
40. 干扰（动、名）	gānrǎo	to interfere; interference
41. 外界（名）	wàijiè	outside
42. 保密（动）	bǎomì	to keep sth. secret
43. 本身（名）	běnshēn	itself
44. 辐射（动、名）	fúshè	to radiate; radiation
45. 有效（形）	yǒuxiào	effective, useful
46. 窃听（动）	qiètīng	to eavesdrop
47. 至今（副）	zhìjīn	up to now

1. 简称

在科学术语中还使用一些简称，这种语言单位的作用相当于一个词。

Scientific terms use certain abbreviations, and these linguistic units often function as single words.

例如：

彩电：彩色电视　　液晶：液态晶体

宇航：宇宙航行　　光纤：光导纤维

2. 调制到激光光源上去

"上去"（1）用在动词后，表示添加或合拢于某处。

上去 (1) can be used after a verb meaning "add to" or "integrate with".

3. 句子分析（2）

Sentence Analysis (2)

所谓光纤通信，就是利用光波在光导纤维中传递信息的一种通信方式。

这是一个"是"字句，主要成分是"光纤通信是……方式"。"方式"前面有递加式定语。"方式"是中心语，"通信"是修饰"方式"的，"一种"是修饰"通信方式"的，"利用光波在光导纤维中传递信息"是修饰"一种通信方式"的。

This is a sentence with 是. 光纤通信是 … 方式 is the main part of this sentence. The additional attributives are put before 方式. In the sentence above, 方式 is the modified central word. 通信 modifies 方式, 一种 modifies 通信方式, and 利用光波在光导纤维中传递信息 modifies 一种通信方式.

1. "所谓……就是……" 格式

The construction 所谓 … 就是 …

"所谓"，形容词，是"通常所说的"意思，常用来引出需要解释、说明的词语。"所谓……就是……"是科技汉语中常见的定义用语之一，相当于"……的定义就是……"、"……的意思就是……"。

所谓 means "so-called". 所谓 … 就是 … is a common term in scientific Chinese when giving a definition; it is equivalent to … 的定义就是 …, or … 的意思就是 ….

例如：

（1）所谓人造地球卫星，就是环绕地球运行的人造天体。

（2）所谓浮力，就是物体在流体中受到的向上托起的力。

（3）所谓物理变化，就是物质只改变形态、不改变化学性质的一种变化。

（4）所谓光纤通信，就是利用光波在光导纤维中传输信息的一种通信方式。

（5）所谓万有引力，就是宇宙中任何两个物体之间都存在着的相互吸引的力。

2. "不是……而是……" 格式

The construction 不是 … 而是 …

这种格式表示否定一种意思，肯定另一种意思。一般不单用"而是"。

不是 … 而是 … is a set phrase used to deny the idea following 不是, and to confirm another idea that follows 而是. 而是 is not normally used alone.

例如：

（1）水不是白色的，而是没有颜色的。

（2）制造高速飞机最好的材料不是铝合金，而是钛合金。

（3）物质进行化学反应的基本微粒不是分子，而是原子。

（4）光纤通信传输的信号不是电信号，而是光信号。

（5）通信容量大、传输距离远的通信技术不是电缆通信，而是光波通信。

练习 Exercises

1. 用"所谓……就是……"格式改写下列句子：

Rewrite the following sentences with 所谓 … 就是 …:

（1）电子体温表是用来测量体温的一种新型仪器。

（2）电子计算机是用现代电子技术实现数学运算和信息处理的设备。

（3）以钛为基础元素，再加入其它金属就组成了钛合金。

（4）能使人造地球卫星绕着地球运转的速度 7.9 公里 / 秒被称为第一宇宙速度。

（5）物质发生变化时，生成了化学组成和性质跟原物质不同的新物质，这种变化叫做化学变化。

2. 用"不是……而是……"格式回答问题：

Answer the following questions with 不是 … 而是 …:

（1）稀释浓硫酸的时候，是把水倒进浓硫酸里吗？

（2）两个物体之间引力的大小与它们之间的距离成反比吗？

（3）高速飞机、人造卫星和宇宙飞船等都是用铝合金来制造的吗？

（4）原子是能够单独存在，并保持物质化学性质的最小微粒吗？

（5）传输速度最快的通信方式是电缆通信吗？

3．回答问题：

Answer the following questions:

（1）光纤是什么？

（2）什么叫做光纤通信？

（3）谈谈光纤通信的工作原理。

（4）光纤通信和电缆通信有哪些不同？

（5）光纤通信有哪些优点？

第二十五课 LESSON 25 蝙蝠和雷达

 课 文 Text

飞机为什么在夜里能安全飞行呢？原来是科学家从蝙蝠身上得到了启示，给飞机安装上了雷达。

蝙蝠通常是在夜间飞行的。它无论怎么飞，都不会撞上什么东西，即使一根很细的电线，它也能避开。这到底是什么原因呢？

为了弄清这个问题，100多年前，科学家做过一次试验。他们在一间黑屋子里拴了很多绳子，绳子上系了很多铃。然后，他们把蝙蝠的眼睛蒙上，让它在屋子里飞。飞了几个钟头，它一个铃也没碰响。接着，科学家又做了两次试验。一次把蝙蝠的耳朵堵上，另一次把蝙蝠的嘴封住，让它在黑屋子里飞。在这两次试验中，蝙蝠到处乱撞，铃不断地响起来。

实验证明，蝙蝠夜间飞行，探路的工具不是眼睛，而是嘴和耳朵。

经过反复研究，这个秘密揭开了。蝙蝠在空中飞行，一边飞一边从嘴里发出一种声音。这种声音叫"超声波"，人的耳朵听不见，蝙蝠的耳朵却听得见。超声波像波浪一样向前传播，遇到障碍物反射回来，蝙蝠的耳朵就听见了。蝙蝠就是用嘴和耳朵探路飞行的。

飞机上的雷达就相当于蝙蝠的嘴和耳朵。雷达通过天线，发出无线电波。遇到障碍物，无线电波就反射回来，显示在荧光屏上。有了雷达，飞行员就能驾驶飞机在夜间安全飞行了。

生 词 New Words

1.	蝙蝠（名）	biānfú	bat
2.	雷达（名）	léidá	radar
3.	夜里（名）	yèli	nighttime
4.	启示（动、名）	qǐshì	to enlighten; enlightenment
5.	安装（动）	ānzhuāng	to install, to erect
6.	装（动）	zhuāng	to install, to erect
7.	撞（动）	zhuàng	to bump against
8.	避（动）	bì	to avoid

9. 到底（副）	dàodǐ	at last, after all
10. 弄（动）	nòng	to do, to get, to manage, to handle
11. 试验（动、名）	shìyàn	to test; trial
12. 绳子（名）	shéngzi	cord
13. 系（动）	jì	to tie, to fasten
14. 铃（名）	líng	bell
15. 蒙（动）	méng	to blindfold
16. 钟头（名）	zhōngtóu	hour
17. 响（动）	xiǎng	to sound, to ring
18. 接着（动）	jiēzhe	to go on, to carry on
19. 耳朵（名）	ěrduo	ear
20. 堵（动）	dǔ	to block, to shut off
21. 封（动）	fēng	to seal
22. 到处（名）	dàochù	everywhere
23. 乱（副、形）	luàn	in confusion, in disorder
24. 证明（动、名）	zhèngmíng	to prove; certificate
25. 探路（动）	tànlù	to find a path
26. 反复（副）	fǎnfù	repeatedly, again and again
27. 揭开（动）	jiēkāi	to reveal, to open
28. 超声波（名）	chāoshēngbō	ultrasonic (wave)
29. 波浪（名）	bōlàng	wave
30. 天线（名）	tiānxiàn	aerial, antenna
31. 无线电波（名）	wúxiàn diànbō	radio wave
32. 电波（名）	diànbō	electric wave
33. 荧光屏（名）	yíngguāngpíng	fluorescent screen
34. 驾驶（动）	jiàshǐ	to drive, to pilot

 **注 释 Notes**

1. 给飞机安装上了雷达

"上"在这里作结果补语，表示通过动作而使某事物存在或添加于某处。

As a resultative complement, 上 here denotes that something assumes a certain position or becomes attached to an object as a result of an action performed on it.

2. 飞机上的雷达就相当于……

介词"于"（4）在这里表示引出动作的对象，相当于"跟"。

The preposition 于 (4) is here used to introduce the object of an action, and in this case it functions similarly as 跟.

语法 Grammar

1. 到底

The adverb 到底

副词"到底"用于疑问句，表示进一步追究。

The adverb 到底 is commonly used in an interrogative sentence to elicit further information.

例如：

（1）他到底是哪国人？

（2）那里的气候到底热不热？

（3）光纤通信到底有什么优点？

（4）雷达到底是怎么发明的？

（5）除了地球之外，其他星球上到底有没有生命？

2. "一……也……"格式

The construction 一 … 也 …

"一……也……"用于否定句中，表示强调。

The construction 一 … 也 … is commonly used in a negative sentence to express emphasis.

例如：

（1）都快八点了，一个人也没有来。

（2）我没穿大衣，一点儿也不觉得冷。

（3）刚来中国的时候，我一句汉语也不会说。

（4）听说杭州的风景很美，我一次也没有去过。

（5）蝙蝠在黑屋子里飞，一条绳子也没碰着。

3. 弄

The verb 弄

"弄"有很多义项，在句中具体表示什么意思，要根据一定的语言环境来判断，有时无需说出具体动作，也可以用"弄"。

The verb 弄 can stand for many verbs. The action is defined in the context. Sometimes it is unnecessary to show specific actions, so 弄 is often used instead.

例如：

（1）我饿极了，妈妈，快给我弄点儿饭吧。（做 to cook）

（2）对不起，我弄错了你们俩的名字。（搞 to mistake）

（3）电脑上不了网了，您帮我弄弄吧。（排查故障或修理 to repair a fault）

（4）你把这瓶葡萄酒弄开吧。（打 to open）

（5）你的房间弄得挺干净的。（收拾 to tidy up）

（6）这场足球赛的票这么难买，你是怎么弄到的？（设法取得 to try to obtain）

（7）他正在外边弄花儿。（摆弄 to work with）

（8）经过几次试验和反复研究，科学家弄清楚了蝙蝠夜间飞行的秘密。

（9）我把刚买的手机弄丢了。

练习 Exercises

1. 把"到底"放在句子中的恰当位置上：

Find the proper position in the following sentences for 到底：

（1）昨天的足球比赛谁赢了？

（2）听说阿里住院了，他是什么病？

（3）这件衣服你喜欢不喜欢？

（4）气象卫星绕什么轨道运行？

（5）钛合金有哪些优异的性能？

2. 用"一……也……"格式完成句子：

Complete the following sentences with 一 … 也 …：

（1）今天天气真好，＿＿＿＿＿＿＿。

（2）今天游览了一天，＿＿＿＿＿＿＿。

（3）上海是有名的大城市，＿＿＿＿＿＿＿。

（4）最近我很忙，＿＿＿＿＿＿＿。

（5）我跑了一天商场，＿＿＿＿＿＿＿。

3. 指出下列句子中"弄"的意思：

Describe the meaning of 弄 in the following sentences：

A. 做　B. 搞　C. 摆弄　D. 修理　E. 排查故障　F. 设法取得

（1）孩子们正在水池旁边弄水。（　　　）

（2）我给你弄了张去国家大剧院看演出的票。（　　　）

（3）别走了，我弄几个菜，在这儿吃饭吧。（　　　）

（4）自行车坏了，你帮我弄弄，好吗？（　　　）

（5）这件事情到现在也没有弄清楚。（　　　）

（6）今天去了一趟商场，我的钱包弄丢了。（　　　）

（7）我的电脑打不出汉字来了，你有时间帮我弄弄吗？（　　　）

（8）你在弄什么？还不快去吃饭。（　　　）

（9）我把你的电话号码弄错了。（　　）

4．回答问题：

Answer the following questions:

（1）为了弄清楚蝙蝠在夜间飞行的秘密，科学家做了哪些试验？这些试验证明了什么？

（2）蝙蝠在夜间飞行到底是怎么探路的？

（3）雷达和蝙蝠有什么关系？

（4）飞机为什么能在夜间安全飞行？

第二十六课 记忆合金
LESSON 26

课文 Text

　　记忆合金，顾名思义，就是带有"记忆"功能的合金。它真的是有意识、能够记忆吗？其实并不是这样，它只是一种能够在适当条件下恢复原状的合金。

　　1932 年，瑞典人奥兰德在金镉合金中首次观察到"记忆"效应，这种合金的形状被改变之后，一旦加热到一定的温度，它又可以魔术般地变回到原来的形状。人们把具有这种特殊功能的合金称为形状记忆合金。

　　记忆合金不仅可以百分之百地恢复原来的形状，而且反复变形 500 万次也不会产生疲劳断裂，因而具有许多奇妙的用途，被誉为神奇的功能材料。

　　目前正在研制的形状记忆合金，最成熟的是镍钛合金。镍钛合金在 20 世纪 70 年代初被用于制造飞机油路管接头，目前被用于制造卫星天线。镍钛合金强度很高，耐腐蚀，反复使用次数高。镍钛合金的品种很多，在镍钛合金中添加其他元素，可以制造出一系列新的形状记忆合金。镍钛合金的转变温度可通过控制所含的成分来调整，因此，可以适应不同用途的需要。

　　作为一类新兴的功能材料，记忆合金的新用途正在不断地被开发出来。相信不久的将来，就连汽车的外壳也可以用记忆合金制作，如果不小心碰瘪了，只要用电吹风加温就可恢复原状，既省钱又省力，非常方便。

生词 New Words

1.	顾名思义	gùmíng-sīyì	as the name implies, judging by the name
2.	带有（动）	dàiyǒu	to possess, to contain
3.	功能（名）	gōngnéng	function
4.	意识（名）	yìshí	consciousness, ideology
5.	适当（形）	shìdàng	suitable, proper
6.	恢复（动）	huīfù	to restore
7.	原状（名）	yuánzhuàng	original state
8.	金（名）	jīn	gold (Au)

9. 镉（名）	gē	cadmium (Cd)
10. 首次（数）	shǒucì	first, for the first time
11. 效应（名）	xiàoyìng	effect
12. 之后（名）	zhīhòu	later, after
13. 一旦（副）	yídàn	once; in case
14. 般（助）	bān	like, as, as if
15. 百分之百	bǎi fēnzhī bǎi	a hundred percent
16. 变形（动）	biànxíng	to be out of shape
17. 疲劳（形）	píláo	fatigue
18. 断裂（动）	duànliè	to break, to rend
19. 用途（名）	yòngtú	use
20. 誉为（动）	yùwéi	to praise, to hail as
21. 目前（名）	mùqián	at present
22. 成熟（形、动）	chéngshú	ripe; mature
23. 镍（名）	niè	nickel (Ni)
24. 世纪（名）	shìjì	century
25. 年代（名）	niándài	age, era
26. 初（名）	chū	the beginning
27. 油路管（名）	yóulùguǎn	oil pipe
28. 接头（名）	jiētóu	connection
29. 次数（名）	cìshù	number of times
30. 品种（名）	pǐnzhǒng	variety, assortment
31. 添加（动）	tiānjiā	to add, to increase
32. 系列（名）	xìliè	series, set
33. 调整（动）	tiáozhěng	to regulate, to adjust
34. 开发（动）	kāifā	to develop, to open up, to exploit
35. 相信（动）	xiāngxìn	to believe in, to be convinced of
36. 将来（名）	jiānglái	future
37. 连（介）	lián	even
38. 外壳（名）	wàiké	outer casing, shell
39. 瘪（动）	biě	to shrink, to shrivel
40. 电吹风（名）	diànchuīfēng	electric hair dryer
41. 加温（动）	jiāwēn	to heat

专名 Proper Nouns

1. 瑞典	Ruìdiǎn	Sweden
2. 奥兰德	Àolándé	Olander

注释 Notes

1. 带有"记忆"功能的合金

"有"在这里作结果补语，表示具有。

有 functions here as a resultative complement, meaning "to possess".

2. 魔术般地变回到原来的形状

"般"是助词，意思为"一样，似的"。

般, an auxiliary word, means "like" or "as, as if".

语法 Grammar

1. "一旦……就……"格式

The construction 一旦 … 就 …

"一旦"是副词，有"假如有一天"的意思，常常与"就"搭配，构成"一旦……就……"格式，用于尚未发生的事情。多用于书面语。

一旦, an adverb, means "supposing one day", normally the adverb 就 is used with it to form the construction 一旦 … 就 …. This construction is mostly used in written language for something that hasn't happened yet.

例如：

（1）你先回去，一旦有什么变化，我就打电话告诉你。

（2）一旦学会了使用电脑，一定会给我们的工作和生活带来极大的方便。

（3）人造卫星的运行速度一旦达到每秒钟11.2公里，它就能完全克服地球的引力，飞离地球。

（4）用记忆合金制成的材料被变形后，一旦加热到适当的温度，它就会变回原来的形状。

（5）一旦在远距离输电线上用上超导材料，就会大大减少能源浪费。

"一旦"还有"忽然有一天"的意思，用于已经发生的事情。

一旦 also means "suddenly one day", indicating that something has already happened.

例如：

（6）同学五年，一旦分别，怎么能不想念呢？

（7）刚买的数码摄像机一旦丢了，谁都会心疼。

2. "连……都（也）……"格式

The construction 连 … 都（也）…

"连"在这里是介词，引出要强调的成分，表示所强调的对象尚且这样，其他情况更不言而喻了。后面有"都"、"也"呼应，构成"连……都（也）……"格式。

The preposition 连 is often used to introduce the element that is to be emphasized, meaning "even". 连 is often followed by 都 or 也 to form the construction 连 … 都 (也)….

例如：

（1）电脑真神奇！连我都学会了上网漫游。

（2）他们连饭也没吃，就去看演出了。

（3）我最近很忙，连星期天都不能休息。

（4）刚来中国的时候，我连一句汉语也不会说。

（5）乘坐宇宙飞船去旅行，我连想也没有想过。

（6）要是人造卫星的运行速度达到 11.2 公里／秒，就连地球引力也拉不住它了，它会飞离地球绕太阳运转。

练习 Exercises

1. 用"一旦……就……"格式完成句子：

Complete the following sentences with 一旦 … 就 …:

（1）我一旦到了北京，_____。

（2）一旦放了假，_____。

（3）人造卫星的运行速度一旦达到 7.9 公里／秒，_____。

（4）浓硫酸一旦溅到身上，_____。

（5）_____，就会发现月球上确实是个无生命的世界。

（6）_____，就会知道网上的世界可丰富了！

2. 用"连……都（也）……"格式改写句子（强调带横线的部分）：

Rewrite the following sentences with 连 … 都 (也) …(emphasizing the underlined parts):

例：刚来中国的时候，我不认识汉字。

刚来中国的时候，我连一个汉字都不认识。

（1）她不会用电脑。

（2）对这件事，我没有考虑过。

（3）我忘了他住在哪儿。

（4）我去的地方很少，我没有去过上海。

（5）明天去长城，我都知道了，他当然知道。

（6）天气这么冷，她没穿大衣就出去了。

3．回答问题：

Answer the following questions:

（1）什么是形状记忆合金？它有什么特性？

（2）形状记忆合金是什么时候发现的？

（3）目前最成熟的形状记忆合金是什么合金？

（4）举例说明记忆合金有哪些用途。

第二十七课 LESSON 27　数码相机

 **Text**

　　我们经常在外出游玩时带上数码相机，把美丽的景物拍摄下来。你了解数码相机的工作原理吗？

　　数码相机，是能够通过内部数码处理，把拍摄对象的影像转换成以数字文件格式存放图像的特殊照相机。与普通相机不同，数码相机并不使用胶片，而是用半导体存储器来保存获取的图像。

　　数码相机的"胶卷"就是其成像器件，而且它与相机一体，是数码相机的心脏。数码相机虽然也靠镜头和快门摄取景物，但感光的媒介不是涂满感光剂的胶片，而是电子式的影像感测器。这个感测器直接把景物反射的光线转化为数码信号，再进行处理并存储起来。所以数码相机不用胶卷，它使用内部存储卡保存照片。

　　由于景物影像已变成数字化信息，因此数码相机能够与个人电脑连通，配合起来使用。数码相机成像也不再受到胶卷的限制，人们可以对数码相机拍摄下来的影像进行色彩、光度、轮廓的调整和修补，甚至可以在原始图像的基础上修饰出完全不同的效果来，这是数码相机最独特的优势。数码相机的出现，是照相史上的一大进步。由于数码相机与传统照相机相比具有许多优越性，因此数码相机受到了人们的青睐。

生词 New Words

1. 美丽（形）	měilì	beautiful
2. 景物（名）	jǐngwù	scenery
3. 拍摄（动）	pāishè	to take (a picture)
4. 内部（名）	nèibù	inside
5. 数码（名）	shùmǎ	digital
6. 对象（名）	duìxiàng	object
7. 文件（名）	wénjiàn	document
8. 格式（名）	géshì	pattern, format, model
9. 存放（动）	cúnfàng	to deposit, to store

10. 图像（名）	túxiàng	picture, image
11. 普通（形）	pǔtōng	ordinary, general
12. 胶片（名）	jiāopiàn	film
13. 存储器（名）	cúnchǔqì	memory, storage
14. 存储（动）	cúnchǔ	to memorize, to store
15. 保存（动）	bǎocún	to preserve, to keep
16. 获取（动）	huòqǔ	to gain, to obtain
17. 胶卷（名）	jiāojuǎn	film roll
18. 成像（动）	chéngxiàng	to form an image
19. 一体（名）	yìtǐ	an organic whole
20. 心脏（名）	xīnzàng	heart
21. 镜头（名）	jìngtóu	camera lens
22. 快门（名）	kuàimén	(camera) shutter
23. 摄取（动）	shèqǔ	to take a photograph
24. 感光（动）	gǎnguāng	to sensitize
25. 媒介（名）	méijiè	medium, intermediate
26. 涂（动）	tú	to apply, to smear
27. 影像（名）	yǐngxiàng	image, portrait
28. 感测器（名）	gǎncèqì	sensor
29. 并（连）	bìng	and
30. 配合（动）	pèihé	to coordinate
31. 限制（动）	xiànzhì	to confine, to limit
32. 色彩（名）	sècǎi	color
33. 光度（名）	guāngdù	luminosity
34. 轮廓（名）	lúnkuò	outline
35. 修补（动）	xiūbǔ	to mend, to repair
36. 原始（形）	yuánshǐ	original
37. 修饰（动）	xiūshì	to decorate, to adorn
38. 独特（形）	dútè	unique, distinctive
39. 优势（名）	yōushì	superiority
40. 进步（名、形）	jìnbù	advance, progress; progressive, advanced
41. 优越（形）	yōuyuè	superior, advantageous
42. 青睐（动）	qīnglài	to favor

注释 Notes

1. 再进行处理并存储起来

连词"并"跟"并且"的意义、用法基本相同，只是它不能连接句子。

The conjunction 并 has the same meaning and usage as 并且, however 并 cannot be used to link sentences.

2. 句子分析（3）
Sentence Analysis (3)

①数码相机虽然也靠镜头和快门摄取景物，｜②但感光的媒介不是涂满感光剂的胶片，‖③而是电子式的影像感测器。

这是一个复句，有三个分句，两个层次，是二重复句：第①分句与第②、③两个分句是第一层次，表示转折关系，用"｜"表示；第②分句与第③分句是第二层次，表示并列关系，用"‖"表示。

This compound sentence has three clauses, or two gradations, which makes it a dual compound sentence: Clause ① and clauses ② and ③ are the first gradation, which indicates the adverse relationship and is marked by a single vertical line, "|". Clause ② and clause ③ form the second gradation, indicating the coordinative relationship and marked by a double vertical line "‖".

 **语 法 Grammar**

复合趋向补语的引申用法

Extended usages of the compound directional complements

复合趋向补语除了表示动作的趋向以外，有些还常用来表示一些比较抽象的意思。这里先讲四个：

Besides indicating the direction of an action, a compound directional complement often implies an abstract meaning. Here we shall deal with the abstract meanings of four compound directional complements.

1. 起来

A. 用在动词或形容词之后，表示动作或状态的开始，并有继续下去的意思。

起来 can be used after a verb or an adjective to indicate the start of an action or a state which will continue.

例如：

（1）听了他的话，大家立刻笑了起来。

（2）外边下起雨来了。

（3）他讲完话以后，大家鼓起掌来。

（4）把水倒进浓硫酸里，水就会立刻沸腾起来。

（5）天气慢慢暖和起来了。

（6）他每天锻炼，身体变得好起来了。

B. 表示动作由分散到集中。

起来 may show something moving to a concentrated state from a dispersed one.

例如：

（7）把晾干的衣服收（shōu to take in）起来。

（8）从 1 到 1000，加起来等于 500500。

C. 用在动词后，表示估计或着眼于某一方面。

起来 is used after a verb meaning "to view from the angle of", "judging from" or "to have one's eyes on".

例如：

（9）看起来，今天要下雨了。

（10）先进的电子指南针，使用起来更方便。

（11）每天坚持运动，说起来容易，做起来难。

2. 出来

A. 用在动词后，表示动作完成，兼有产生或获得某种结果的意思。

出来 can be used after a verb to indicate the completion of the action expressed by the verb, or to bring about a concurrent result of an action.

例如：

（1）这道数学题，他很快就算出来了。

（2）我已经把这本书翻译出来了。

（3）既耐高温又耐低温的合金，已经研制出来了。

（4）你们工厂一天能生产出来多少辆汽车？

（5）在电脑中，可以对照片的颜色、光度和轮廓等进行调整、修补，制作出完全不同的效果来。

B. 用在动词后，表示人或事物随动作由隐蔽到显露。

出来 can also be used after a verb to indicate that a person or object has appeared due to the action expressed by the verb.

例如：

（6）我听出来了，这是安娜在唱歌。

（7）打开汽水瓶盖儿，二氧化碳从汽水里分解出来。

3. 下来

A. 用在动词后，可以表示通过动作使人或事物固定或停留在某处，以免消失、离去或被遗忘。

下来 can be used after a verb to indicate that something is being fixed or is remaining in a certain place so that it will not disappear, leave or be forgotten.

例如：

（1）这里的景色真美！我拍摄下来。

（2）你的手机号码，我已经记下来了。

（3）汽车在前面停下来不走了，可能出事故了。

B. 表示动作或状态从过去延续到现在。

下来 can also be used after a verb to indicate the continuation of an action or a state from the past to the present.

例如：

（4）我每天早上打太极拳，一直坚持下来。

（5）这是古代流传（liúchuán to hand down）下来的一个故事。

C. 用在形容词后，可以表示某种状态开始出现并继续发展，强调开始出现。

下来 can also be used after an adjective to stress the beginning of something which will continue from that point on.

例如：

（6）现在上课，请大家安静下来。

（7）声音慢慢低了下来。

（8）天逐渐黑下来了。

注意："起来"和"下来"都可以用在形容词后，表示某种状态的开始并继续发展，但"起来"多用于表示积极意义的形容词，"下来"只用于表示消极意义的形容词。

N.B. Both 起来 and 下来 can be used immediately after an adjective to show a state starting and continuing. However, while most of the adjectives used before 起来 are active, the ones used before 下来 are passive.

4. 下去

A. 用在动词后，表示动作继续进行。

下去 can be used after a verb indicating the continuation of an action.

例如：

（1）你接着讲下去。

（2）汉语再难学，我们也要学下去。

（3）这本小说没意思，我不想看下去了。

（4）探索宇宙的秘密，要一直进行下去。

B. 用在形容词后，表示某种状态已经存在并将继续发展。

下去 can be used after an adjective indicating the existence of a state which will continue.

例如：

（5）她得了癌症，一天天瘦下去。

（6）天气再冷下去，就不能在室外工作了。

注意："下来"和"下去"都可用在形容词后，但二者意义不同。"下来"侧重表示开始出现，"下去"侧重继续发展。

N.B. Both 下来 and 下去 can be used immediately after an adjective, but 下来 is used to emphasize the beginning of a state, while 下去 is used to emphasize the continuation of a state.

练习 Exercises

1. 选择适当的词语填空：

Fill in each blank with an appropriate word selected from the following:

做　冷　看　算　加　鼓掌　说话　刮风

（1）现在是十一月了，天气 _____ 起来了，大家要多穿一些衣服。

（2）晚上八点钟 _____ 起 _____ 来了，一会儿又下起雨来了。

（3）运动员走进体育场的时候，大家立刻 _____ 起 _____ 来。

（4）老师给学生出了一道数学题，大家立刻 _____ 起来了。

（5）下课以后，他没有休息，就 _____ 起练习来了。

（6）从 1 到 100，这些数 _____ 起来等于多少呢？

（7） _____ 起来，事情进行得不会那么顺利。

（8）她 _____ 起 _____ 来，总是那么快。

记　慢　低　黑　画　坚持　安静　传承（chuánchéng to inherit）

（1）电影开始了，礼堂里慢慢 _____ 下来了。

（2）快到站了，汽车 _____ 下来了。

（3）她声音 _____ 下来以后，我就听不清楚她说什么了。

（4）她把这里的风景都 _____ 下来了。

（5）冬天下午五点多钟以后，天就 _____ 下来了。夏天晚上七点，天还不黑。

（6）老北京的风土人情都 _____ 下来了没有?

（7）老师上课的内容，我都 _____ 下来了。

（8）我每天跑 2000 米，半年多了我一直 _____ 下来。

2. 用适当的动词和"出来"完成对话：

Complete each of the following sentences with an appropriate verb and 出来:

（1）A：阿尔玛只用半分钟就把一道复杂的数学题 _____。

　　B：她算得真快，我已经做了五分钟了，_____。

（2）A：玛丽汉语说得真好，我 _____ 她是一个外国人。

　　B：她学习非常努力，所以进步很快。

（3）A：这个问题太难了，＿＿＿＿＿＿＿＿。

　　　 B：是很难，我也＿＿＿＿＿＿＿＿。

（4）A：把水倒进浓硫酸里去，会发生什么现象？

　　　 B：＿＿＿＿＿＿＿＿＿＿＿＿。

（5）A：打开汽水瓶盖儿，为什么冒气泡呢？

　　　 B：＿＿＿＿＿＿＿＿＿＿＿＿。

（6）A：你能用汉字＿＿＿＿＿你们班同学的名字吗？

　　　 B：我只能＿＿＿＿＿几个同学的名字。

3．选择复合趋向补语"起来"、"出来"、"下来"或者"下去"填空：

Fill in each blank with the compound directional complement 起来, 出来, 下来 or 下去:

（1）明年我还要在中国继续学习＿＿＿＿＿。

（2）在中国，冬天从南往北走，气温逐渐低＿＿＿＿＿。

（3）下了几次雨，天气冷＿＿＿＿＿了。

（4）出院以后，他每天锻炼身体，所以身体慢慢好＿＿＿＿＿了。

（5）一分钟你能写＿＿＿＿＿多少个汉字？

（6）我们学校中，外国留学生和中国学生加＿＿＿＿＿一共两千多人。

（7）每天去健身房锻炼身体，我要一直坚持＿＿＿＿＿。

（8）晚上十二点以后，同学们都睡觉了，宿舍楼里安静＿＿＿＿＿了。

（9）给水加热，溶解在水中的氧气会以气泡放＿＿＿＿＿。

（10）我说我的电话号码和新的住址，请你写＿＿＿＿＿。

4．判断正误：

Tick those sentences that are correct:

（1）这两个数加起来比 10 大三倍。

（2）老师刚讲完话，他们就说话起来。

（3）礼堂里很长时间也安静不下来。

（4）离家还有 20 多里的时候，天就逐渐黑下来了。

（5）她算得真快，一分钟就把这道复杂的数学题算出结果来了。

（6）这个问题太难，我们都不回答出来。

（7）他身体逐渐好起来了。

（8）他进来以后，我们就讨论起来了。

（9）到北京站了，火车慢慢下来了。

（10）教室里安静下来以后，老师就讲起课来了。

5. 回答问题：

Answer the following questions:

（1）什么是数码相机？

（2）谈谈数码相机的工作原理。

（3）数码相机和普通相机有哪些不同？

（4）数码相机最独特的优势是什么？

雨后彩虹·太阳的能量

 课 文 Text

（一）雨后彩虹

夏天雷雨或阵雨过后，天空常常会出现一条非常美丽的弓形彩带，从它的外层向里，整齐地排列着红、橙、黄、绿、蓝、靛、紫七种颜色，这就是彩虹。为什么雨后会出现彩虹呢？

彩虹是气象中的一种光学现象。雨后会有大量的小水滴悬浮于空中，当阳光照射到这些小水滴上时会发生折射。由于组成白光的各种色光偏折程度不同，因而分散成七种颜色的光。很多小水滴同时把阳光折射出来，再反射到我们的眼睛里，我们就会看到一条半圆形的彩虹。彩虹的色带分明，由于红色光的偏折度最小，所以在彩虹的外侧；紫光的偏折度最大，所以在彩虹的内侧。橙、黄、绿、蓝、靛光的偏折度介于红光和紫光之间，因此依次排列在红光和紫光中间。

彩虹的明显程度，取决于空气中小水滴的大小。小水滴体积越大，形成的彩虹越鲜亮；小水滴体积越小，形成的彩虹越不明显。

冬天一般不会出现彩虹，这是因为冬天气温较低，空气中不容易存在小水滴，下阵雨的机会也少。

（二）太阳的能量

太阳一直用它巨大的光和热哺育着地球生物，从未间断。地球上万物的生长与太阳紧密相关。地球上的一切能量几乎都是直接或间接从遥远的太阳那里获得的。可以说，没有太阳，就没有地球，也没有人类。那么，太阳的巨大能量是从哪里来的呢？科学家研究发现，太阳的能量来自于太阳内部的核聚变反应。太阳内部进行着 4 个氢原子核聚合成 1 个氦原子核的过程，同时放出大量的能量，就像氢弹爆炸一样。在这种热核反应中，氢不断地被消耗。但它和我们经常见到的燃烧不同，它不需要氧来助燃，而且燃烧后会变成另外一个新的元素。在这个过程中，太阳的质量不断变小。那么亏损的物质跑到哪里去了呢？原来，这些物质变成了光和热，也就是说，物质由一般形式转化成了能量。

生词 New Words

1.	彩虹（名）	cǎihóng	rainbow
2.	雷雨（名）	léiyǔ	thunderstorm
3.	阵雨（名）	zhènyǔ	shower
4.	天空（名）	tiānkōng	sky
5.	弓形（名）	gōngxíng	bow shaped
6.	彩带（名）	cǎidài	colored streamer
7.	排列（动）	páiliè	to arrange
8.	橙（形）	chéng	orange
9.	靛（形）	diàn	indigo
10.	悬浮（动）	xuánfú	to suspend
11.	折射（动、名）	zhéshè	to refract; refraction
12.	色光（名）	sèguāng	colored light
13.	偏折（动）	piānzhé	to deflect
14.	半圆形（名）	bànyuánxíng	semicircle
15.	色带（名）	sèdài	colored belt
16.	分明（形、副）	fēnmíng	clear; clearly
17.	介于（动）	jièyú	to be situated between
18.	依次（副）	yīcì	successively, in the proper order
19.	明显（形）	míngxiǎn	clear, obvious
20.	取决（动）	qǔjué	to be decided by, to depend on
21.	鲜亮（形）	xiānliang	bright
22.	机会（名）	jīhuì	chance, opportunity
23.	哺育（动）	bǔyù	to nurture, to foster
24.	从未（副）	cóngwèi	never
25.	间断（动）	jiànduàn	to be disconnected, to be interrupted
26.	生长（动）	shēngzhǎng	to grow
27.	紧密（形）	jǐnmì	close, dense
28.	相关（动）	xiāngguān	to be interrelated
29.	几乎（副）	jīhū	nearly, almost
30.	间接（形）	jiànjiē	indirect
31.	遥远（形）	yáoyuǎn	distant, remote
32.	来自（动）	láizì	to come from
33.	聚变（动、名）	jùbiàn	to fuse; fusion
34.	聚合（动、名）	jùhé	to polymerize; polymerization
35.	原子核（名）	yuánzǐhé	atomic nucleus
36.	氢弹（名）	qīngdàn	hydrogen bomb
37.	爆炸（动）	bàozhà	to explode

38. 热核反应	rèhé fǎnyìng	thermonuclear reaction
39. 消耗（动）	xiāohào	to consume, to expend
40. 助燃（动）	zhùrán	combustion supporting
41. 亏损（动）	kuīsǔn	to lose

 **Notes**

1. 小水滴悬浮于空中

介词"于"（5）用在动词后边，可以表示处所，相当于"在"。

The preposition 于 (5) may be used after a verb to show locality, and also functions like 在.

2. 彩虹的明显程度取决于空气中小水滴的大小

介词"于"（6）用在动词后边，可以介绍出动作、行为的施事者。

The preposition 于 (6) may be used after a verb to introduce the object of an action.

3. 物质由一般形式转化成了能量

介词"由"（3）在这里表示变化的来源，相当于"从"。

The preposition 由 (3) shows the beginning of a change, and functions like 从.

 **Grammar**

从

The preposition 从

介词"从"主要有以下四种用法：

The preposition 从 has four major usages, which are as follows:

1. 引出时间、处所、范围或变化的起点。

To show a starting point in time, or of locality, scope or change.

例如：

（1）他从中学就开始学习英语。

（2）从地球到月球有 38 万多公里。

（3）冬季，从南往北，中国的气温逐渐降低。

（4）因为二氧化碳比空气重，可以把它从一个容器里倒到另一个容器里。

（5）热从温度高的物体传到温度低的物体，或者从温度较高的部分传到温度较低的部分。

2. 表示凭借、根据。

To show the evidence or basis for drawing a conclusion or an inference.

例如：

（1）从说话的口音，我听出来她是广州人。

（2）从光泽和传热导电的特性来看，石墨很像金属，但从化学成分来看，它实际上是非金属。

（3）从万有引力定律可以知道，宇宙中任何两个物体之间都存在着相互吸引的力。

3. 引出来源、由来。

To show an origin or a cause.

例如：

（1）我从电视里看到，中国又发射了一颗人造地球卫星。

（2）地球上的一切能量都是直接或间接从太阳那里获得的。

4. 表示经由。

To show a process or journey.

例如：

（1）汽车刚从这里开过去。

（2）电流从电线中通过时会产生热，损失一部分能量。

练习 Exercises

1. 朗读下列句子，注意"从"的各种用法，并仿照造句：

Read the following questions paying attention to the different uses of 从, and then write more sentences following these examples:

（1）他从昨天下午就有点儿不舒服。

（2）人造地球卫星从地球上发射到高空以后，它以极大的速度绕着地球运转。

（3）高压输电的距离已从几百米增加到几千公里。

（4）从物理性质来看，金属与非金属有着较多的差别。

（5）从实验可以知道，在 -268.98℃时，水银的电阻会突然消失。

（6）把铁加热到 1535℃时，铁从固体变成液体。

（7）从物理手册上可以找到各种金属的比重。

（8）把记忆合金加热到一定的温度，它又会从现在的形状变回到原来的形状。

（9）地球上的一切能量是从哪里获得的呢？

（10）在不同的温度下，水可以从液态变为气态或固态。

2. 选择适当的介词填空：

Fill in each blank with an appropriate word selected from the following options:

离　比　从　跟　对　在　由　把　以　给　向　被　按照　根据　关于

（1）他 _____ 电话里 _____ 我说："最近非常忙，不能去旅游。"

（2）昨天晚上，我 _____ 我朋友发了一封电子邮件。

（3）电脑真神奇！它能 _____ 人的指令完成各种任务。

（4）_____ 大气层中，空气 _____ 任何物体都是有压力的。

（5）放了假，你打算 _____ 谁一起去旅行？

（6）月球 _____ 地球有38万多公里。

（7）人喝了汽水以后，二氧化碳会很快 _____ 气泡 _____ 嘴里跑出来。

（8）_____ 电视里，我们看到了宇宙飞船 _____ 地面飞 _____ 高空的壮观景象。

（9）_____ 数码相机的工作原理，我们已经了解了。

（10）塑料是高分子化合物，塑料的分子是 _____ 很多原子组成的。

（11）_____ 某些金属放到足够低的温度下，它的电阻会突然变为零。

（12）_____ 元素的原子结构和性质，通常 _____ 元素分为金属和非金属两大类。

（13）人造地球卫星 _____ 7.9公里/秒的速度环绕着地球运转。

（14）_____ 万有引力定律，任何物体之间都存在着相互吸引的力。

（15）一根 _____ 头发丝还细的光导纤维可以同时传输几万路电话或几千路电视。

（16）站在三音石上拍手，声音 _____ 这里 _____ 周围传播出去，又反复 _____ 围墙反射回来。

（17）_____ 1到10000，这些数加起来等于多少呢？

（18）_____ 水压机中，液体 _____ 小活塞 _____ 液体的压强，_____ 它原来的大小传递到大活塞上。

3. 回答问题：

Answer the following questions:

（1）什么是彩虹？

（2）雨后彩虹是怎么形成的？

（3）彩虹的明显程度取决于什么？

（4）彩虹常常出现于什么季节？冬天会出现彩虹吗？

（5）地球上的一切能量是从哪里来的？

（6）太阳的能量是从哪里来的？

（7）试述太阳内部的核聚变反应。

第二十九课 火 箭
LESSON 29

 **Text**

　　我们经常在电视里看到火箭发射的情景。火箭在轰鸣中喷着火苗飞向了太空。那么，火箭是怎样在很短的时间内飞上太空的呢？

　　其实火箭飞行的原理并不复杂，它是依靠作用力和反作用力的原理飞上蓝天的。火箭点火后，通过燃料燃烧产生的炽热气体，不断从火箭尾部的排气口排出，从而产生一股非常强大的向下的推力，而这股推力又会产生一个方向相反的反作用力，推动火箭向上飞行，直到飞出大气层，进入太空。

　　由于火箭的速度很快，它可以装上弹头和制导系统等制成导弹，在大气中飞向目标。由于它自身携带固体或液体燃烧剂与氧化剂，不必依赖空气中的氧气助燃，所以又可在外层空间飞行，用于运载航天器。

　　我们知道，航天运载火箭要想飞入太空预定的轨道，必须达到第一宇宙速度，即最低每秒 7.9 千米。为了达到这么大的速度，单级火箭是难以做到的，非采用多级火箭不可，以接力的方式将航天器送入太空轨道。简单地说，多级火箭就是把几枚单级火箭连接在一起，其中的一枚火箭先工作，工作完毕后与其他的火箭分开，然后第二枚火箭接着工作，依此类推。这样组合的优点是每过一段时间就把不再有用的结构抛弃，无需再消耗燃料来带着它飞行。可以说，火箭是人类探索宇宙空间的使者，火箭的发明是人类迈向太空的第一步。

New Words

1.	轰鸣（动、名）	hōngmíng	to roar; roar
2.	喷（动）	pēn	to spurt, to gush
3.	火苗（名）	huǒmiáo	flame
4.	太空（名）	tàikōng	outer space
5.	依靠（动）	yīkào	to rely, to depend on
6.	作用力（名）	zuòyònglì	action
7.	反作用力（名）	fǎnzuòyònglì	reacting force, reaction
8.	蓝天（名）	lántiān	blue sky

9.	点火（动）	diǎnhuǒ	to light a fire
10.	炽热（形）	chìrè	red hot, blazing
11.	尾部（名）	wěibù	tail
12.	排气口（名）	páiqìkǒu	exhaust vent
13.	从而（连）	cóng'ér	thus, thereby
14.	股（量）	gǔ	a burst of, a stream of, *a measure word*
15.	强大（形）	qiángdà	powerful
16.	推力（名）	tuīlì	thrust
17.	直到（动）	zhídào	until, up to
18.	弹头（名）	dàntóu	warhead
19.	制导（动）	zhìdǎo	to control and guide
20.	目标（名）	mùbiāo	objective, target
21.	依赖（动）	yīlài	to rely on, to be dependent on
22.	可（能愿）	kě	can, may
23.	航天器（名）	hángtiānqì	space craft, space vehicle
24.	航天（动、名）	hángtiān	to fly in outer space; spaceflight
25.	预定（动）	yùdìng	to fix in advance, to predetermine
26.	即（副）	jí	namely
27.	难以（动）	nányǐ	to be difficult
28.	多级（形）	duōjí	multistage
29.	接力（动）	jiēlì	to relay
30.	枚（量）	méi	*a measure word*
31.	单级（形）	dānjí	single stage
32.	连接（动）	liánjiē	to join, to link
33.	完毕（动）	wánbì	to finish, to complete
34.	依此（副）	yīcǐ	in the proper order, successively
35.	类推（动）	lèituī	to analogize
36.	依此类推	yīcǐ-lèituī	and so on and so forth
37.	不再（动）	búzài	no longer, no more
38.	有用（形）	yǒuyòng	useful, helpful
39.	抛弃（动）	pāoqì	to abandon
40.	无需（动）	wúxū	need not, not have to
41.	使者（名）	shǐzhě	emissary
42.	迈向（动）	màixiàng	to make a step
43.	步（名）	bù	step, pace

又可在外层空间飞行

"可"，就是"可以"，多用于书面语。古汉语的许多单音节词在现代汉语中已发展成双音节词，但其中有一部分在书面语中仍在使用。

可, the equivalent of 可以, is commonly used in written Chinese. Quite a number of monosyllabic words in classical Chinese have changed into disyllabic words in modern Chinese. Some of these monosyllabic words are still in use in today's written Chinese.

More examples:

或——或者		约——大约	
但——但是		虽——虽然	
时——时候		应——应该	
已——已经		仍——仍然	

语法 Grammar

1. 从而

The conjunction 从而

"从而"是连词，表示结果或进一步的行动，用于后一分句的开头，沿用前一分句的主语。前一分句表示原因、方法等，后一分句表示结果、目的等。

The conjunction 从而, used to show a result or further action, is put at the beginning of the second clause that shares a common subject with the first clause in a sentence. The first clause shows the reason or method, while the second shows the result or aim.

例如：

（1）1969年，人类登上了月球，从而解决了"月球上是否有生命"这个问题。

（2）根据蝙蝠在黑夜中飞行的原理，人们发明了雷达，从而使得飞机可以在夜空中安全地飞行。

（3）电脑具有神奇的功能，可以代替人快速而准确地完成各种复杂的任务，从而在各个领域中得到日益广泛的发展。

（4）中国人很早就发现把磁石吊起来能指示方向，从而在这个基础上发明了指南针。

（5）由于科学技术的发展，人们发现了熔点高而又比钢坚硬的金属钛，从而为高速飞机、人造卫星、宇宙飞船找到了很好的材料。

2. "非……不……" 格式

The construction 非 … 不 …

"非"和"不"都是否定副词,"非……不……"是用两次否定表示肯定,意思是"一定要",带有一种坚决的语气。一般后一部分常用"不可、不行、不成",构成"非……不可"、"非……不行"和"非……不成"。

非 and 不 are both negative adverbs. The construction 非 … 不 … is a strong affirmation expressed by double negation, meaning "have to do". 不可, 不行 or 不成 is often used together with 非 to form 非 … 不可, 非 … 不行 or 非 … 不成.

例如:

(1)要治好她的病,非做手术不可。

(2)我看你非去不行。

(3)要办成这件事非你不成。

(4)电脑是很有用的,我非学会使用不可。

(5)发射人造卫星、宇宙飞船等航天器,非用多级火箭不可。

练习 Exercises

1. 把"从而"放在句子的恰当位置上:

Find the proper position in the following sentences for 从而:

(1)火箭推力巨大,速度很快,又可在外层空间中飞行,能够把人造卫星、宇宙飞船等航天器送入预定的轨道,被誉为人类探索宇宙空间的使者。

(2)在通讯领域中,由于采用了光纤通信这一新兴的技术,大大提高了通信的容量和传输速度。

(3)人们发现酒精在 –114℃才变成固体,为制造低温下使用的温度计找到了一种比较好的材料。

(4)利用液体传递压强的规律,才能解释清楚水压机的工作原理,可以了解为什么水压机能产生那么大的压力。

(5)数码相机不用胶卷,又能够与电脑连通,对照片进行调整和修饰,受到了人们的青睐。

2. 用"非……不……"格式改写句子:

Rewrite the following sentences with 非 … 不 …:

(1)要学好一种语言,一定要多练习。

(2)汉语是一种国际语言,我一定要学好汉语。

(3)制造高速飞机、人造卫星、宇宙飞船等必须采用钛合金。

(4)人造卫星要飞离地球,它的运行速度必须达到 11.2 公里 / 秒。

（5）要适应现代的生活，一定要学会使用电脑。

3．回答问题：

Answer the following questions:

（1）火箭是怎样飞上天的？

（2）什么是导弹？

（3）为什么火箭能够在外层空间中飞行？

（4）发射航天器为什么要用多级火箭？

（5）为什么说"火箭是人类探索宇宙空间的使者"？

第三十课 奇妙的超导现象
LESSON 30

课文 Text

在日常生活中，我们所使用的一切物质都有电阻。但是，当物体的温度降低到绝对零度（−273.15℃）附近时，它的电阻会变为 0。这就是超导现象。

1911 年，荷兰物理学家卡茂林·昂尼斯意外地发现将汞冷却到 −268.98℃时，汞的电阻突然消失了，也就是说，汞这时进入了一个新的物态，其电阻实际变为 0。后来他又发现许多金属和合金都具有与上述汞相类似的特性。对这种具有特殊电性质的物质形态，卡茂林·昂尼斯称之为超导态，把处于超导状态的导体称为超导体，而电阻发生突然变化的温度称为超导临界温度。

这一发现，开辟了一个崭新的物理领域，引起了世界范围内的震动。超导体的直流电阻在一定的温度下突然消失的效应被称为零电阻效应。导体没有了电阻，电流流经超导体时就不会产生热损耗，电流可以毫无阻力地在导体中流动，从而产生超强磁场。零电阻和完全抗磁性是超导体的最重要特性。

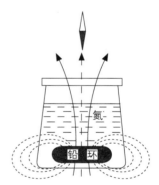

铅环中的电流不停地流动，形成一个永久的磁场，使一枚磁针悬浮在空中。

用超导体做成的输电线，因为电流通过时不产生电阻，一根很细的超导电线能输送比普通输电线高 100 倍的电流量。超导体中每平方厘米可以流过几十万安培的强大电流，因而可产生很强的磁场，而且消耗的电能很少。用超导体制成的超导发电机的功率可比目前的发电机高 100 倍以上 。超导磁悬浮列车的时速已达 550 千米。超导电子计算机的性能将是如今的普通电子计算机无法相比的。超导电子计算机的运算速度每秒可达几百亿次以上，比普通电子计算机快 100 倍，而电能消耗仅是普通电子计算机的千分之一。

各国科学家正在加紧工作，企图寻找一种高温超导材料。1961 年人们成功地制造出超导磁体，它出现超导现象的临界转变温度高，不仅可以产生很强的磁场，而且体积小、质量小、损耗电能少，标志着超导体开始进入实用阶段。目前已经制成了临界温度在 −57℃左右的高温超导体。也许在不久的将来，人们可以研制出能在室温下使用的超导体。科学家预测，超导材料将会在世界上引起一场新的科技革命。

生词 New Words

1.	绝对零度（名）	juéduì língdù	absolute zero
2.	意外（形、名）	yìwài	unexpected; accident
3.	物态（名）	wùtài	physical state
4.	相（副）	xiāng	each other
5.	类似（形）	lèisì	similar
6.	超导态（名）	chāodǎotài	superconducting state
7.	处于（动）	chǔyú	to be in a certain condition
8.	临界（形）	línjiè	critical
9.	开辟（动）	kāipì	to set up, to start
10.	崭新（形）	zhǎnxīn	brand-new, completely new
11.	震动（动）	zhèndòng	to shake
12.	直流（名）	zhíliú	direct current
13.	流经（动）	liújīng	to pass through
14.	毫无（动）	háowú	not in the least, not at all
15.	阻力（名）	zǔlì	resistance, drag
16.	流动（动）	liúdòng	to flow, to pass through
17.	导线（名）	dǎoxiàn	(conducting) wire
18.	超（形）	chāo	ultra-, super-, extra-
19.	安培（量）	ānpéi	ampere
20.	发电机（名）	fādiànjī	generator
21.	列车（名）	lièchē	train
22.	时速（名）	shísù	speed per hour
23.	达（动）	dá	to reach, to attain
24.	如今（名）	rújīn	nowadays, now
25.	相比（动）	xiāngbǐ	to compare
26.	仅（副）	jǐn	only, merely
27.	加紧（动）	jiājǐn	to intensify, to speed up
28.	企图（动、名）	qǐtú	to try, to attempt; attempt
29.	寻找（动）	xúnzhǎo	to seek, to look for
30.	成功（动、形）	chénggōng	to succeed; successful
31.	标志（动、名）	biāozhì	to indicate, to mark; sign, symbol
32.	阶段（名）	jiēduàn	stage, phase
33.	也许（副）	yěxǔ	perhaps, probably
34.	室温（名）	shìwēn	room temperature
35.	预测（动）	yùcè	to calculate, to forecast

专名 Proper Nouns

1.	荷兰	Hélán	the Netherlands
2.	卡茂林·昂尼斯	Kǎmàolín Ángnísī	Kamerlingh Onnes

语法 Grammar

1. 一百以上的称数法

Numerical units from 100 upwards

　　汉语常用的计数单位是：个位、十位、百位、千位、万位、十万位、百万位、千万位、亿位（万万位）。

There are nine common denominations in the Chinese numerical system. They are: one unit, ten, one hundred, one thousand, ten thousand, one hundred thousand, one million, ten million and one hundred million.

　　按照中国计数的习惯，从个位起，每四个数位是一级。列表如下：

In Chinese it is customary to make every fourth denominations a division, as we can see in the following diagram:

……	亿级				万级				个级			
……	千亿位	百亿位	十亿位	亿位	千万位	百万位	十万位	万位	千位	百位	十位	个位

　　读数时，从高位到低位，一级一级地读，一个数中间有一个"0"或连续几个"0"，只读一个零，每一级末尾的"0"都不读出来。

Numbers are read from left to right, unit by unit. A single zero, in a big number, must be read. If there are two or more zeros in succession, only one zero is read. The zero at the end of a big number should not be read.

　　例如：

999	九百九十九
1001	一千零一
10001	一万零一
37004008	三千七百万四千零八
40000780000	四百亿零七十八万

　　写数时，从高位到低位，一级一级地写。

　　凡是数位上没有计数数字的，就写作"0"。

When writing a big number, all the numerals should be written, starting from the biggest unit and including all zeros.

　　例如：

一千二百万零三百零四	12000304
二十亿四千零七万零九十	2040070090

注意：直接读数字时，要把每个"0"都读出来。如"2003060"读成"二零零三零六零"。

NB: If a big number is read without mentioning any denominations, all zeros must be included. 2003060 would be read as 二零零三零六零.

2. 分数、百分数、倍数和小数

Fractions, percentages, multiples and decimals

汉语里分数的读法是"……分之……"。

In reading a fraction, the denominator comes first, then the numerator.

例如：

$\frac{1}{2}$ 二分之一　　　　　　　　　$\frac{3}{4}$ 四分之三

$\frac{2}{15}$ 十五分之二　　　　　　$10\frac{7}{10}$ 十又十分之七

百分数的读法是"百分之……"。

A percentage is a fraction in which the denominator is one hundred.

例如：

94% 百分之九十四　　　6% 百分之六

倍数由数词后加"倍"表示。

A multiple is formed by adding the word 倍 to a numeral.

例如：

（1）2 的 4 倍是多少？　2 的 4 倍是 8。

（2）25 是 5 的 5 倍。

（3）15 比 5 多两倍，是 5 的 3 倍。

（4）超级电子计算机的运算速度是普通电子计算机的 100 倍。

汉语里，小数的读法是"……点……"。

In Chinese, decimals are read as follows:

例如：

0.5　　　　零点五　　　　　　　0.63　　　零点六三

2.7　　　　二点七　　　　　　　3.1416　　三点一四一六

149.58　　一百四十九点五八，或一四九点五八

倍数一般用在"增加"的情况。要注意的是："甲是乙的 × 倍"与"甲比乙增加（了）× 倍"的区别。"甲是乙的 × 倍"，甲与乙是相除关系：甲 ÷ 乙 ＝ × 倍；"甲比乙增加（了）× 倍"，是甲减去乙之后再与乙相除：（甲—乙）÷ 乙 ＝ × 倍。例如：

某汽车制造厂去年生产的汽车为 20 万辆，今年的产量为 80 万辆，那么今年的产量就是去年的 4 倍（80 ÷ 40 ＝ 4），今年比去年增加了 3 倍（$\frac{80\text{-}20}{20}$ ＝ 3）。

表示"减少"的情况一般不用倍数，而用分数来表示。例如：

某学校去年的学生是 5000 人，今年的学生是 4000 人，今年的学生是去年的五分之四（$\frac{4000}{5000}=\frac{4}{5}$），或者说今年比去年减少了五分之一（$\frac{5000\text{-}4000}{5000}=\frac{1}{5}$）。

A multiple is usually used in additions. Please notice the difference between 甲是乙的 X 倍 and 甲比乙增加（了）X 倍 . The first one means 甲÷乙＝X 倍 and the second one means（甲－乙）÷乙＝X 倍 . For example:

Last year a car factory produced 200,000 vehicles, this year it has produced 800,000. This means that the output of this year is four times that of last year（今年的产量就是去年的 4 倍），or to put it a different way, the output of this year increased three times of last year（今年比去年增加了 3 倍）.

A fraction is used instead of a multiple in cases of subtraction. For example:

If last year the total number of students in a school was 5,000 and it is 4,000 this year, then the number of students this year is four fifths that of last year（今年的学生是去年的五分之四），or to put it another way, this year the number of students has decreased by one fifth compared with last year（今年比去年减少了五分之一）.

 **Exercises**

1. 朗读并用汉字写出下列各数：

Write the following numbers in Chinese characters:

（1） 3678　　　　　20078000　　　　48132　　　　　610940000

　　　 963576　　　　465879312　　　　3150600　　　　763802495

（2） $\frac{1}{3}$　　$\frac{2}{5}$　　$\frac{4}{7}$　　$\frac{6}{15}$　　$\frac{7}{40}$　　$1\frac{3}{8}$　　$4\frac{5}{7}$

　　　 $\frac{3}{100}$　　$\frac{21}{1000}$　　$\frac{59}{10000}$

（3） 3.2　　　4.05　　　7.81　　　9.246　　　26.5　　　34.15

　　　 46.57　　50.081　　129.6　　258.5　　801.71　　410.05

2. 用阿拉伯数字表示下列各数：

Write the following numbers in Arabic numerals:

（1）五十四万零八十八　　　　六百零八万七千　　　　五百零七万九千一百

　　　三千零五万六千零八　　　七亿六千九百二十五万八千一百二十六

（2）五分之三　　　　十分之一　　　　二十分之七　　　　百分之五十四

　　　十又五分之三　　千分之七　　　　万分之九　　　　十万分之一

（3）八点一　　　　五点三六　　　　十七点一零九

三十六点二零　　六百七十八点零五

3. 计算题：

Calculate the answers to the following questions:

（1）两万五千是一百的多少倍？

（2）两万七千的多少倍是五百四十万？

（3）六十万的二百倍是多少？

（4）三百的三十倍是多少？

（5）五万是五千的多少倍？

（6）一亿的四分之一是多少？

（7）什么数的五分之四是四千？

（8）八万的百分之十五是多少？

（9）这个汽车制造厂去年生产了三十二万五千七百四十辆汽车，今年生产了六十八万九千六百一十辆，今年比去年增加了多少辆？今年生产的汽车是去年的多少倍？

（10）声音在空气中的传播速度大约是 340 米 / 秒，声音在水中的传播速度比空气中大三倍多。问：声音在水中的传播速度是多少？

4. 回答问题：

Answer the following questions:

（1）解释下列科学术语：

超导现象　　超导态　　超导体　　超导临界温度　　零电阻效应

（2）超导体最重要的特性是什么？

（3）现在超导体的应用进入了实用阶段没有？举例说明。

（4）为什么说超导现象的发现开辟了一个崭新的物理领域，并将在世界上引起一场新的科技革命？举例说明。

部分练习参考答案

第一课

1.用"不过"回答问题：

（1）她会打汉字，只不过打得慢一些。

（2）山田已经四十多了，看起来不过三十岁。

（3）她写的汉字比较好看，只不过写得太慢了。

（4）那个电影很有意思，不过有的话我还听不懂

（5）保罗刚买的电脑很好，只不过贵了点儿。

（6）我很喜欢看京剧，不过现在还听不懂。

2.用动词"使"改写句子：

（1）北京夏天的气温很高，使人觉得很不舒服。

（2）他的话使我高兴极了。

（3）这次参观使我了解了中国工人的生活情况。

（4）喝了汽水，会使人觉得凉快。

（5）用一定的压力，可以使二氧化碳溶解在啤酒中。

3.用连词"并且"完成对话：

（1）并且说得很好

（2）并且还是学校足球队的队员

（3）并且预习了生词和课文

（4）并且还发了两封电子邮件

（5）并且样式也很好看。

（6）并且环境也很优美

4.用"并（不、没有）"完成句子：

（1）身体并不吸收二氧化碳

（2）但是并不好看

（3）可是天气并不很冷

（4）他并没有去玩儿

（5）他并没有来过中国

5.按照汽水的生产过程编好号码：

（2）把二氧化碳压入水中，使二氧化碳溶解在水里。

（4）把瓶盖儿盖紧。

（3）把溶解了二氧化碳的水装进瓶子里。

（1）把糖和果汁放进水中。

第二课

1.按照例子改写句子：

（1）一月广州的平均气温比哈尔滨高。

一月哈尔滨的平均气温没有广州高。

（2）张老师比王老师大。

王老师没有张老师大。

（3）142班男同学比女同学多。

142班女同学没有男同学多。

（4）保罗比安东尼高。

安东尼没有保罗高。

（5）230阅览室的中文杂志比112阅览室多。

112阅览室的中文杂志没有230阅览室多。

（1）她汉字写得比我好。

我汉字写得没有她好。

（2）他每天来教室比我早。

我每天来教室没有他早。

（3）张文比李平说得清楚。

李平没有张文说得清楚。

（4）他骑自行车比我骑得快。

我骑自行车没有他骑得快。

（5）保罗打汉字比我打得快。

我打汉字没有保罗打得快。

（6）阿尔玛做练习比我做得认真。

我做练习没有阿尔玛做得认真。

2.仿照例子造"比"字句：

（1）我姐姐比我哥哥大3岁。

我哥哥比我姐姐小3岁。

（2）这套西服比那套贵800元。

那套西服比这套便宜800元。

（3）从北京大学到天坛公园比到中山公园远3公里。

从北京大学到中山公园比到天坛公园近3公里。

（4）他们学校的中国学生比留学生多215个。

他们学校的留学生比中国学生少215个。

（5）我去年到北京比安娜早十多天。

安娜去年到北京比我晚十多天。

3.根据所给的词语用"比……更……"或"比……还……"格式造句：

（1）安东尼成绩很好，保罗比安东尼更好。

（2）北京人口很多，上海的人口比北京还多。

（3）夏天北京很热，南京比北京还热。

（4）安东尼很喜欢踢足球，保罗比安东尼更喜欢。

（5）哥哥起得很早，爸爸比哥哥起得还早。

第三课

1.在什么情况或条件下，能得到下列结果或结论？回答时请用上"在……下"格式。

（1）在常温下，水是液体。

（2）在阳光下，水蒸发得很快。

（3）在一定的温度下，水蒸气会变成水。

（4）在0℃下，水会变成冰。

（5）在100℃下，水能变成气体。

2.用"如果……就……"格式完成句子：

（1）你就会看到冰天雪地的世界

（2）如果用很大的压力把二氧化碳压入水中

（3）我就去你那儿看你

（4）我们就可以在网上聊天儿

（5）如果买不到飞机票

（6）就给我们介绍一下儿这两个地方的景点吧

3.用"越……越……"格式完成句子：

（1）越慢

（2）越喜欢

（3）蒸发越快；蒸发越慢

（4）越多

（5）越冷　越暖和

第四课

1.把"即使"加在句子中适当的地方并注意它的位置：

（1）他身体非常好，即使天气很冷，他也不穿大衣。

（2）二氧化碳即使进入人的身体里边，人体也不会吸收它。

（3）夏天即使不在阳光下，过几个小时洗过的衣服也会干。

（4）即使天气很冷，他也坚持体育锻炼。

（5）站在三音石上，即使小声说话，也能听到回声。

2.完成句子，并注意"原来"的用法：

（1）我还住在原来的饭店

（2）原来有四口人

（3）原来觉得中文很难

（4）我的发音不好

（5）窗户开着呢

（6）二氧化碳把身体里的热量带了出来

3. 用"好像"完成句子：

（1）好像春天一样

（2）好像是安娜

（3）好像是病了

（4）就好像来到家一样

（5）他好像不打算去了

第五课

1. 用疑问代词填空：

（1）谁　　　　　（2）怎么

（3）哪　　　　　（4）什么

（5）怎么　　　　（6）哪儿

2. 完成句子：

（1）都很热

（2）他都坚持锻炼身体

（3）她都喜欢

（4）我们都去游泳

（5）明天天气好不好

（6）踢足球还是打乒乓球

（7）都要参加考试

（8）我们都必须会写、会念

（9）都很努力学习

（10）都要学习那个国家的语言

3. 完成句子：

（1）铁块在水中受到的浮力小于它的重量，

（2）声波能沿着圆形墙多次反射、传播到远处。

（3）铁块在水里受到向上的浮力，

（4）人觉得凉快了。

（5）冬季中国各地的气温普遍较低。

4. 用"……（所以）……是因为……"格式改写句子：

（1）所以到中国来，是因为要学习汉语。

（2）声音能被多次反射传播到另一处去，

是因为回音壁是一道光滑的圆形墙。

（3）铁块会沉到水底，是因为铁块的重量比它受到的浮力大得多。

（4）洗完的衣服过几个小时就干了，是因为衣服上的水受热后变成水蒸气跑掉了。

（5）中国北方冬季很冷，是因为冬季中国北方得到太阳的热量少，并且靠近冬季风的发源地。

5. 用"因此"回答问题：

（1）因为衣服上的水在阳光下变成水蒸气蒸发了，因此洗过的衣服在阳光下很快就干了。

（2）因为铁块的重量比它在水中受到的浮力大得多，因此铁块会沉到水底。

（3）汽水中的二氧化碳把身体里的热量带了出来，因此夏天人们喝了汽水就觉得凉快了。

（4）北京的天坛是中国有名的古代建筑群，而且里面有很奇妙的声学现象，因此人们都喜欢去天坛公园玩。

（5）因为夏季阳光直射北半球，北半球获得的热量多；这个季节，中国南方和北方获得太阳的热量大致相当，因此夏天中国南北方气温都很高。

第六课

1. 用"由于……所以（因此、因而）……"格式回答问题：

（1）地球的周围覆盖着一层很厚的空气。由于地心引力的作用，大气被"吸"向地球，因而空气对任何物体都是有压力的。

（2）由于我们身体里边也受到同样大的压力，里边向外的压力跟外边向里的压力互相抵消了，因此我们感觉不到大气的压力。

（3）由于夏天气温高，温度越高，水蒸发得越快，所以洗过的衣服夏天比冬天干得快。

（4）人们把汽水喝进去以后，由于汽水里的二氧化碳会很快地从嘴里跑出来，并且把身体里的热量也带了出来，人们就会觉得凉快，因此夏天人们喜欢喝汽水。

（5）由于站在三音石上拍一下手，拍手的声音就从这里向周围传播，被回音壁的墙面反射回来，立刻又向周围传播。因此，拍手的人就可以几次听到反射回来的声音。

（6）由于冬季太阳光直射南半球，北半球获得太阳的热量少，中国北方获得的太阳热量更少，而且靠近冬季风发源地，所以冬天中国北方和南方的气温相差很大。

2. 完成句子：

（1）不要去上课了

（2）不要去公园玩了

（3）不休息

（4）不去这两个地方旅游一下

（5）感觉不到大气的压力呢

（6）不用呢

第七课

1. 用"不但……而且……"格式完成句子：

（1）而且也没有水

（2）离不开阳光和空气

（3）而且干燥

（4）而且跟蒸发的面积和风的大小有关系

（5）而且里面的回音壁和三音石，有很奇妙的声学现象

2. 用"不管……都……"格式改写下列句子：

（1）不管你什么时候来我这儿，我都欢迎。

（2）不管学习哪种语言，都要多听、多说、多读和多写。

（3）不管汉语多么难，我一定坚持学习下去。

（4）不管坐飞机还是坐火车，今天都能到达上海。

（5）不管北京的景点有多少，我都要去看一看。

3. 用"既……也（又）……"格式回答问题：

（1）他既是我们的老师，也是我们的朋友。

（2）月球上既没有水，也没有空气。

（3）我既喜欢打篮球，又喜欢踢足球。

（4）他既会说法语，又会说英语。

（5）北京的秋天既不冷，也不热，是旅游的好季节。

4. 把"曾经"放在下列句子的适当位置上：

（1）我以前曾经来过中国两次。

（2）我曾经跟他在一个学校里学习过。

（3）这个故事我们曾经听老师讲过。

（4）我曾经给爸爸、妈妈寄去了一个包裹。

（5）我们班的同学曾经参观过北京的四合院。

第八课

1. 用"只要……就……"格式完成句子：

（1）就可以知道月球上是没有生命的

（2）就可以迅速说出答案来

（3）这个物体就可以悬浮在水中

（4）就可以多次听到反射回来的声音

（5）只要跟中国人说话

2.用"要是……就（那么）……"格式把意义有关的词语连成一个句子：

（1）要是你去书店，就给我买一本《汉英词典》。

（2）要是你看见阿尔玛，就告诉她有时间来我这儿玩儿。

（3）要是你有时间，就跟我一起去医院看朋友。

（4）要是你不喜欢这件衣服，就去换一件。

（5）要是放了假去旅游，我就跟你一起去。

3.用"要是……的话，就……"格式改写句子：

（1）要是了解了37这个数的奇妙性质的话，就可以很快说出37去乘18的答案来。

（2）要是把一些二氧化碳压入水中的话，水就变成了汽水。

（3）要是物体沉到水底的话，就说明物体的重量比它受到的浮力大。

（4）要是水蒸气受冷的话，就会变成水。

（5）要是月球上有水的话，当温度很高时就会立刻变成水蒸气蒸发掉。

第九课

1.用"不是……就是……"格式改写句子：

（1）阿尔玛不是住在405，就是住在415。

（2）下星期我们不是去动物园，就是去中山公园。

（3）他从早到晚不是看书，就是写东西。

（4）铺地的美术砖不是正方形的，就是正六边形的。

（5）他不是坐火车来，就是坐飞机来。

2.用"只有……才……"格式完成句子：

（1）才能学好汉语

（2）只有放了假

（3）才能既节省了蜂蜡，又使蜂巢的空间很大

（4）物体才能悬浮在水中

（5）只有了解了37这个数的性质

3.用"不如"改写下列句子：

（1）用正三角形的美术砖铺地不如用正方形的或者正六边形的好看。

（2）别的同学为什么不如他算得快呢？

（3）我汉语说得不如他流利。

（4）洗过的衣服在屋子里不如在阳光下干得快。

（5）冬季中国南方不如北方冷。

第十课

1.用括号里的词完成句子：

（1）所学的专业

（2）这件衣服的大小

（3）物体反射声波的规律

（4）老师讲的方法

（5）中国人的习惯

2.把意义相关的词组用线连接起来：

根据实验，我们知道标准大气压每平方厘米差不多1牛顿。

根据化验结果，大夫说她得了感冒。

根据我们的了解，北京现在有两千多万人口。

根据老师的介绍，我们知道北京冬季最低温度到过 –16℃。

根据我们的分析，86和84这两个数有两个特点。

根据37这个数的性质，我们能迅速说出 $37×27$ 的答案来。

第十一课

1.用"不仅……而且（并且、还、也）……"格式把下列左右意义相关的两部分连接成一个句子：

（1）我们不仅要学会用电脑打字，而且要学会用电脑上网。

（2）他不仅是我们的老师，也是我们的朋友。

（3）她不仅会唱歌，还会跳舞。

（4）天坛公园不仅风景优美，而且还有著名的回音壁和三音石。

（5）这家公司不仅生产数码相机，并且也生产数码摄像机。

2.用"假如……那么（就）……"格式完成句子：

（1）那么水也早已在灼热的太阳照射下蒸发掉了

（2）那么地球上也不会有生命

（3）你就会发现木头比铁块轻了

（4）不必一根一根地数，就可以很快算出钢管的总数是 325 根

（5）那么小活塞对液体的压强就是 4 牛顿/厘米^2

3.用"只是"完成句子：

（1）只是颜色不太好看

（2）只是我没有时间去看了

（3）只是写错了三个汉字

（4）只是浮力小于它的重量

（5）只是汽水里被压入了二氧化碳

4.用"无论……都（也）……"格式把下列左右意义相关的两部分连接起来组成一个句子：

（1）无论谁来我们这里旅游，我们都欢迎。

（2）无论哪种生命想生存下去，都需要阳光、空气和水。

（3）无论把物体放在什么地方，物体都会受到地心引力的作用。

（4）无论把物体放在液体里还是气体里，物体都会受到向上的浮力。

第十二课

1.用"其实"完成句子：

（1）其实他才四十多岁

（2）其实他来北京刚两年

（3）其实都不太难

（4）其实还是夏天

（5）其实并不难

2.选择适当的词语填空：

（1）他爸爸　　　（2）运动员

（3）演员　　　　（4）玻璃

（5）北京

3.用"跟……一样（不一样、不同、相同)"等格式改写句子：

（1）水银跟水一样都是液体。

（2）她的手机颜色跟我的不一样。

（3）我学习的专业跟她不同。

（4）我们班的学生跟他们班的不一样多。

（5）我跟中国学生一样，每天六点起床。

第十三课

1.用"虽然……但是……"格式把意义相关的词组连接成句子：

（1）他虽然身体不舒服，但是仍然来上课了。

（2）虽然大气压力很大，但是我们感觉不到。

（3）虽然正三角形的美术砖可以铺地，但是不好看。

（4）分子虽然非常小，但是保持了原来物质的化学性质。

（5）原子虽然很小，但是仍然有重量。

2. 用"由……组成（构成）……"格式造句：

（1）"机"字是由"木"和"几"两部分组成的。

（2）空气是由氧、氮和二氧化碳等气体组成的。

（3）大多数物质都是由分子构成的。

（4）二氧化碳分子是由一个碳原子和两个氧原子构成的。

（5）塑料的分子是由很多原子组成的。

3. 把副词"却"放在句子中的恰当位置上：

（1）我们都在等他一起去故宫，他却没有来。

（2）冬天，北京天气很冷，可是屋子里却很暖和。

（3）阿里病了一个星期了，可是我却一点儿也不知道。

（4）事情虽然很小，但是影响却很大。

（5）她虽然不是中国人，但是汉语说得却很标准。

4. 完成句子：

（1）她一点儿也没预习

（2）铁块在水中受到了向上的浮力

（3）大气压力是多么大呀

（4）分子是非常小的

（5）生命是不可能在那里生存的

第十四课

1. 用"一……就……"格式完成句子：

（1）就冒出很多气泡来

（2）一放开手

（3）老师一问他问题

（4）就完全清楚了

（5）天气就暖和了

2. 用"尽管……但是（可是）……"把意义相关的词组连接成句子：

（1）在物理变化中，尽管物质的形态发生了变化，但是物质的性质并没有改变。

（2）喝汽水时，虽然我们喝进去很多二氧化碳，但是我们的身体并不吸收它。

（3）在中国，虽然冬季南北气温相差很大，但是夏天相差不大。

（4）虽然天坛公园里离我们学校很远，但是我还是想去那儿看看回音壁和三音石。

（5）虽然大气压力很大，但是人们感觉不到。

3. 用"具有"和所给的词回答问题：

（1）因为不同的物质具有不同的特点。

（2）因为它们具有相同的性质。

（3）因为空气受到地球的吸引，有重量。

（4）因为死海里水的密度很大。

（5）因为回音壁和三音石具有很奇妙的声学现象。

第十五课

1. 用"以……为……"格式改写句子：

（1）在中国，一年中以秋天的气候为最好。

（2）北京的烤鸭店很多，以全聚德烤鸭店为最有名。

（3）桂林是著名的旅游城市，以漓江两岸的风景为最秀丽。

（4）装液体的容器有很多形状的，以圆柱形的容器为最多。

（5）在周长相同的多边形中，以正六边形的面积为最大。

2. 完成句子：

（1）还常用正六边形的美术砖铺地。

（2）学习汉语

（3）参观工厂的车间

（4）还喜欢踢足球

（5）都去桂林旅游

（6）样式和颜色都很好

（7）星期天

（8）也都想去

第十六课

1. 用"总是"改写句子：

（1）做练习时，他总是把"便"字写成"使"字。

（2）每天吃完晚饭，我们总是看一会儿电视。

（3）人们总是用正方形或正六边形的美术砖铺地。

（4）指南鱼在水中可以自由转动，但停下来时，鱼头总是指向南方。

（5）不管夏天、冬天，去颐和园的人总是很多。

（6）他每次做练习总是很认真。

（7）每天晚上他总是在十一点以后睡觉。

（8）无论把物体放在什么地方，它总是会受到地心引力的作用。

2. 用"于是"完成句子：

（1）于是，根据磁石的这种特性，发明了世界上最早的指南针。

（2）于是，鼓掌的人就可以多次听到反射回来的声音。

（3）于是，过了几个小时衣服就干了。

（4）于是，人就觉得凉快了。

（5）于是，人们往往把装液体的容器做成圆柱形的。

第十七课

1. 用"关于"完成句子：

（1）关于宇宙间万有引力的规律

（2）关于液体传递压强的规律

（3）关于阿里生病住院

（4）关于低温

（5）关于中国气温

（6）关于月球上是否有生命

2. 用"……与……成正比（反比）"格式组句：

（1）如果两个物体之间的距离一定，那么两个物体之间的引力与它们的质量的乘积成正比。

（2）质量相同的两个物体，它们之间的引力与它们之间距离的平方成反比。

（3）由同一物质组成的物体，物体的重量与它的体积成正比。

（4）同一物体，它的重量与它到地心的距离的平方成反比。

（5）在液体的压强一定的情况下，水压机大活塞上得到的力与大活塞的横截面积成正比。

3. 用"……与……有关"格式改写句子：

（1）物质形态的改变，与温度和压力等条件的变化有关。

（2）两个物体之间的引力的大小，与两个物体的质量和它们之间的距离有关。

（3）大气压力的大小与离地面的高度有关。

（4）作用在水压机大活塞上的力，与小活塞对液体的压强和大活塞的横截面积有关。

（5）物体的重量与物体离地心的远近有关。

第十八课

1. 用"就是……也……"格式完成句子：

（1）也永远围绕着太阳运转

（2）只用我们的眼睛也是看不见的

（3）也只有 1 厘米那么长

（4）也只到过 –90℃

（5）也会慢慢干的

2.用介词"以"改写句子：

（1）地球以 30 公里／秒的速度绕太阳运转。

（2）天坛公园里的回音壁和三音石以奇妙的声学现象吸引了很多游人。

（3）如果人造地球卫星以低于 7.9 公里／秒的速度环绕地球运行，它就会被地球的引力拉回地面。

（4）在化学反应中，分出来的原子又以一定的方式重新结合成新的分子，形成新的物质。

（5）指南针是以带磁性的铁片能够指示方向的特性制成的。

（6）在自然界中，到了 0℃以下，水就会以固态冰而存在。

（7）在远距离输电中，为了节约能源，将以超导材料来制造输电线。

（8）古城西安以历史悠久而闻名于中外。

第十九课

1.用"甚至"和括号内的词语回答问题：

（1）他每天晚上学习到很晚，甚至超过十二点。

（2）你最近工作很忙，甚至晚上和星期天也工作。

（3）她的汉语水平已经比较高了，甚至可以看中文小说了。

（4）钛不仅能用来制造飞机，甚至能制造宇宙飞船。

（5）人造卫星不仅能够绕月球运转，甚至能够绕太阳运转。

2.把"特别是"放在句子中的恰当位置上：

（1）她非常喜欢音乐，特别是更喜欢古典音乐。

（2）今天大家在长城游览得很高兴，特别是保罗第一次来这儿更高兴。

（3）这次考试，全班同学都考得不错，特别是安娜成绩更好。

（4）在大气中飞行需要耐高温的新型材料，特别是在宇宙航行中更需要这样的材料。

（5）黄山的风景非常美，特别是黄山四绝：奇松、怪石、云海和温泉更是闻名中外。

3.用"在……中"格式完成句子：

（1）在万吨水压机中

（2）在空气中

（3）在发生化学反应的过程中

（4）在宇宙中

（5）在外层空间中

（6）在空气中

第二十课

1.用"则"完成句子：

（1）则大都不善于传热、导电

（2）则又重新结成新的分子，形成新的物质

（3）则必须用耐高温的钛合金

（4）物质的性质则一定会发生变化

（5）则钢管的总数很容易计算出来

（6）则可以利用具有这种特性的物质制造远距离输电线

2.把左右意义上有关联的分句用"而"连接起来：

（1）除水银以外其他金属在常温下是固体，而非金属大部分是气体。

（2）物质的分子可以分成原子，而原子又可以按照别的方式重新结合成新的分子。

（3）大部分非金属没有光泽，而石墨却具有金属光泽。

（4）大部分金属具有延展性，而固体非金属通常很脆。

（5）塑料的分子很大，而铁的分子却很小。

3. 把左右意义上有关联的分句用"而"连接起来，并说明与练习2中的"而"在句中的作用有什么不同：

（1）身体好是学习好的条件，而身体好要常常锻炼。

（2）大多数物质都是由分子组成的，而分子是由原子组成的。

（3）人造卫星的速度大到11.2公里/秒时，就可以克服地球的引力绕着太阳运转而永远不落回地球上来。

（4）用正六边形的美术砖铺地而没有空隙。

（5）水变成冰只要到0℃就可以了，而最冷的温度比0℃低得多呢。

4. 将"而"放在句子中的恰当位置上，并说明与练习2和3中的"而"在句中的作用有什么不同：

（1）电流通过输电线时，因发热而损失一部分能量。

（2）宇宙中的星球之间，由于万有引力的作用而形成了现在的天体系统。

（3）在航海、大地测量、军事等领域，为了指示方向而使用更为先进的电子指南针。

（4）水压机通过加大大活塞的横截面积和增大小活塞的压强而得到很大的压

力。

（5）蜜蜂为了增大蜂巢的面积、节约蜂蜡而把蜂巢做成六边形的结构。

（6）水压机是按照液体传递压强的规律而制成的。

第二十一课

1. 找出中心语的定语并注意它们的排列顺序：

（1）（金属元素）的（原子）（最外层）（电子）数较少。

（2）原子是（物质进行化学反应）的（基本）微粒。

（3）分子是（能够单独存在的，并保持物质化学性质）的（最小）微粒。

（4）二氧化碳在 –75℃以下，会变成（像雪一样）的（白色）固体。

（5）钛合金是（一种）（耐高温、耐低温、耐腐蚀）、（在常温下稳定）的（新型）（结构）材料。

（6）人造地球卫星是（由人类建造），（用运载火箭发射到高空中），（像月球一样环绕地球运行）的装置。

2. 把中心语的定语的顺序排列好：

（1）37是（一个）（奇妙）的数。

（2）木块在水中受到（一个）（向上托起）的力。

（3）天坛是（中国）（有名）的（古代）（建筑）群。

（4）水压机有（两个）（带活塞）（大小不同）（底部互相连通）的圆筒。

（5）万有引力定律是（自然界）（最普遍）（最基本）的（物理）定律。

（6）三个正六边形拼在一起时，（三个）（在公共顶点上）（角）的和等于360°。

3.用 A、B、C 中意义相关的词语造句：

（1）指南针是一种指示方向的工具。

（2）人造地球卫星是一种由人类建造环绕地球运行的装置。

（3）温度计是一种测量温度的仪器。

（4）万有引力是宇宙中物体之间相互吸引的一种力。

（5）体温表是一种测量身体温度的仪器。

（6）钛合金是一种制造人造卫星、宇宙飞船的新型材料。

（7）水压机是一种把钢锭压制成各种零件的机器。

第二十二课

1.用"以免"完成句子：

（1）以免发生事故

（2）以免越来越重

（3）以免她忘了

（4）以免摔倒、摔伤

（5）以免发生危险

2.用"否则"改写句子：

（1）要预习好生词，否则上课就听不懂。

（2）她可能病了，否则今天会来上课的。

（3）学习汉语一定要多听、多说、多读、多写，否则就学不好。

（4）制造高速飞机必须用钛合金，否则机身可能被飞行过程中产生的高温熔化掉。

（5）人造地球卫星的速度必须达到 7.9 公里/秒，否则就不能绕着地球运转而被地球引力拉回地面。

3.用"反而"完成句子：

（1）反而越来越好

（2）反而不冷

（3）反而越来越重了

（4）反而越下越大了

（5）反而觉得地球是处在静止状态

第二十三课

1.把"简直"放在句中恰当的位置上：

（1）她画的马简直跟真的一样。

（2）我简直不知道怎么回答这个问题。

（3）这样做简直是在浪费时间。

（4）屋子里热得简直待不住

（5）听了他讲的故事，孩子们简直高兴极了。

（6）她不是在走，简直是在跑。

2.用反问句"怎么……呢"改写句子：

（1）一想到我就要去清华大学学习了，怎么不高兴呢？

（2）她病刚好，还要休息几天，怎么能马上去上班呢？

（3）天坛是中国古代有名的建筑群，还有奇妙的回音壁，怎么不去那儿游览呢？

（4）在外层空间中发现了六边形结构的物质，怎么不使天文学家兴奋呢？

（5）在高速飞行中，飞机的表面温度可以达到四五百摄氏度，怎么能再用铝合金来制造这种飞机呢？

3.找出句子中的状语并注意它们的顺序：

（1）她（认真）、（清楚）地回答了老师问的问题。

（2）二氧化碳（很快）地（就）（从嘴里）跑了出来。

（3）鼓掌的声音（又）（从这里）（向周围）传播。

（4）人们（很早）（以前）（就）（很关心）这个问题。

（5）（昨天晚上）我（在网上）（给远处的朋友）发了一封电子邮件。

4.把句子中状语的顺序排列好：

（1）（今天）他们（比我们）（早）回来一个小时。

（2）（昨天晚上）大家（都）（认真）地预习了生词。

（3）他（每天早上）（和安东尼）（一起）（在这里）锻炼身体。

（4）（跟立方体、长方体的容器比较）圆柱形容器（使用时）（更）方便，既不容易碰坏，也比较美观。

（5）加在密闭容器内液体上的压强（按照原来的大小）（由液体）（向各个方向）传递。

第二十四课

1.用"所谓……就是……"格式改写下列句子：

（1）所谓电子体温表，就是用来测量体温的一种新型仪器。

（2）所谓电子计算机，就是用现代电子技术实现数学运算和信息处理的设备。

（3）所谓钛合金，就是以钛为基础元素，再加入其他金属组成的物质。

（4）所谓第一宇宙速度，就是能使人造地球卫星绕着地球运转的速度7.9公里/秒。

（5）所谓化学变化，就是物质发生变化时，生成了化学组成和性质跟原物质不同的新物质的变化。

2.用"不是……而是……"格式回答问题：

（1）稀释浓硫酸的时候，不是把水倒进浓硫酸里，而是把浓硫酸倒进水里。

（2）两个物体之间引力的大小不是与它们之间的距离成反比，而是与它们之间的距离的平方成反比。

（3）高速飞机、人造卫星和宇宙飞船等都不是用铝合金来制造的，而是用钛合金来制造的。

（4）能够单独存在，并保持物质化学性质的最小微粒不是原子，而是分子。

（5）传输速度最快的通信方式不是电缆通信，而是光纤通信。

第二十五课

1.把"到底"放在句子中的恰当位置上：

（1）昨天的足球比赛到底谁赢了？

（2）听说阿里住院了，他到底是什么病？

（3）这件衣服你到底喜欢不喜欢？

（4）气象卫星到底绕什么轨道运行？

（5）钛合金到底有哪些优异的性能？

2.用"一……也……"格式完成句子：

（1）一点儿风也没有

（2）一点儿也不累

（3）我一次也没有去过

（4）一天也没休息过

（5）一件喜欢的衣服也没买着

3.指出下列句子中"弄"的意思：

（1）C　　　（2）F　　　（3）A
（4）D　　　（5）B　　　（6）B
（7）E　　　（8）A　　　（9）B

第二十六课

1.用"一旦……就……"格式完成句子：

（1）就去游览长城和故宫

（2）我就回国看我爸爸妈妈

（3）就会围绕地球运转

（4）就要立刻用大量的水洗

（5）人一旦登上月球

（6）一旦你学会了上网

2.用"连……都（也）……"格式改写句子（强调带横线的部分）：

（1）她连电脑都不会用。

（2）这件事我连考虑也没有考虑过。

（3）连他住在哪儿我都忘了。

（4）我去的地方很少，我连上海也没有去过。

（5）明天去长城，连我都知道了，他当然知道。

（6）天气这么冷，她连大衣也没穿就出去了。

第二十七课

1. 选择适当的词语填空：

（1）冷　　（2）刮风　　（3）鼓掌

（4）算　　（5）做　　　（6）加

（7）看　　（8）说话

（1）安静　（2）慢　　　（3）低

（4）画　　（5）黑　　　（6）传承

（7）记　　（8）坚持

2. 用适当的动词和"出来"完成对话：

（1）A：做出来了

　　　B：还没有做出来

（2）A：听不出来

（3）A：我回答不出来

　　　B：回答不出来

（4）B：水就立刻沸腾起来，硫酸也就会飞溅出来

（5）B：汽水里的一些二氧化碳被分解出来，形成气泡，从瓶口冒了出来

（6）A：写出来

　　　B：写出来

第二十八课

2. 选择适当的介词填空：

（1）在，对　　　（2）给

（3）按照　　　　（4）在，对

（5）跟　　　　　（6）离

（7）以，从　　　（8）在，从，向

（9）关于　　　　（10）由

（11）把　　　　　（12）根据，把

（13）以　　　　　（14）根据

（15）比　　　　　（16）从，向，被

（17）从

（18）在，把，对，按照

第二十九课

1. 把"从而"放在句子的恰当位置上：

（1）火箭推力巨大，速度很快，又可在外层空间中飞行，从而能够把人造卫星、宇宙飞船等航天器送入预定的轨道，被誉为人类探索宇宙空间的使者。

（2）在通讯领域中，由于采用了光纤通信这一新兴的技术，从而大大提高了通信的容量和传输速度。

（3）人们发现酒精在 –114℃才变成固体，从而为制造低温下使用的温度计找到了一种比较好的材料。

（4）利用液体传递压强的规律，才能解释清楚水压机的工作原理，从而可以了解为什么水压机能产生那么大的压力。

（5）数码相机不用胶卷，又能够与电脑连通，对照片进行调整和修饰，从而受到了人们的青睐。

2. 用"非……不……"格式改写句子：

（1）要学好一种语言，非多练习不可。

（2）汉语是一种国际语言，我非学好汉语不可。

（3）制造高速飞机、人造卫星、宇宙飞船等非采用钛合金不可。

（4）人造卫星要飞离地球，它的运行速度非达到11.2公里/秒不行。

（5）要适应现代的生活，非学会使用电脑不成。

第三十课

1.用汉字写出下列各数：

（1）三千六百七十八

二（两）千零七万八千

四万八千一百三十二

六亿一千零九十四万

九十六万三千五百七十六

四亿千五百八十七万九千三百一十二

三百一十五万（零）六百

七亿六千三百八十万二千四百九十五

（2）三分之一　　　　五分之二

七分之四　　　　十五分之六

四十分之七　　　　一又八分之三

四又七分之五　　　　百分之三

千分之二十一　　　　万分之五十九

（3）三点二　　　　四点零五

七点八一　　　　九点二四六

二十六点五　　　　三十四点一五

四十六点五七　　　　五十点零八一

一百二十九点六　　　　二百五十八点五

八百零一点七一　　　　四百一十点零五

2.用阿拉伯数字表示下列各数：

（1）540088　　　　6087000

5079100　　　　30056008

769258126

（2）$\dfrac{3}{5}$　$\dfrac{1}{10}$　$\dfrac{7}{20}$　$\dfrac{54}{100}$　$10\dfrac{3}{5}$

$\dfrac{7}{1000}$　$\dfrac{9}{10000}$　$\dfrac{1}{100000}$

（3）8.1　　　　5.36　　　　17.109

36.20　　　　678.05

词汇表 Vocabulary

A

挨（动）	āi	to be next to	11
安培（量）	ānpéi	ampere	30
安装（动）	ānzhuāng	to install, to erect	25
按（介）	àn	according to	11
按照（介）	ànzhào	according to	10
奥秘（名）	àomì	profound mystery	4

B

把儿（名）	bàr	handle	16
百分之百	bǎi fēnzhī bǎi	a hundred percent	26
百科全书（名）	bǎikē quánshū	encyclopedia	23
摆脱（动）	bǎituō	to free from	18
般（助）	bān	like, as, as if	26
半导体（名）	bàndǎotǐ	semiconductor	20
办法（名）	bànfǎ	way, means	10
半径（名）	bànjìng	radius	4
半球（名）	bànqiú	hemisphere	6
半圆形（名）	bànyuánxíng	semicircle	28
伴随（动）	bànsuí	to accompany, to attend	14
棒（名）	bàng	stick, club	22
包罗万象	bāoluó-wànxiàng	all-embracing, all-inclusive	23
保持（动）	bǎochí	to keep, to maintain	13
保存（动）	bǎocún	to preserve, to keep	27
保密（动）	bǎomì	to keep sth. secret	24

报道（动、名）	bàodào	to report, to cover; news report	23
爆炸（动）	bàozhà	to explode	28
杯子（名）	bēizi	cup, glass, mug	15
北半球（名）	běibànqiú	the Northern Hemisphere	2
北方（名）	běifāng	the northern part of a country	2
倍（量）	bèi	times	8
本领（名）	běnlǐng	skill, ability	23
本身（名）	běnshēn	itself	24
本质（名）	běnzhì	essence	13
比（介）	bǐ	than, as compared with (to)	2
比例（名）	bǐlì	proportion, ratio	15
比拟（动）	bǐnǐ	to compare	24
比如（动）	bǐrú	for example, for instance	11
比重（名）	bǐzhòng	specific gravity	22
笔算（名、动）	bǐsuàn	written calculation; calculate in written form	8
避（动）	bì	to avoid	25
蝙蝠（名）	biānfú	bat	25
编辑（动、名）	biānjí	to edit, to compile; editor, compiler	23
变（动）	biàn	to change, to become	1
变化（动、名）	biànhuà	to change; change	7
变换（动）	biànhuàn	to vary, to shift, to change	21
变色（动）	biànsè	to change color, to discolor	14
变为（动）	biànwéi	to change, to turn into	12
变形（动）	biànxíng	to be out of shape	26
标志（动、名）	biāozhì	to indicate, to mark; sign, symbol	30
表面（名）	biǎomiàn	surface	6
表面积（名）	biǎomiànjī	surface area	15
表示（动）	biǎoshì	to show, to express, to indicate	11
表现（动）	biǎoxiàn	to show, to express, to display	20
瘪（动）	biě	to shrink, to shrivel	26
冰（名）	bīng	ice	12
丙（名）	bǐng	the third, C-grade	4

并（不、没有）（副）	bìng (bù, méiyǒu)	*placed before a negative word to intensify the negation and imply that something has turned out contrary to expectations*	1
并（连）	bìng	and	27
并且（连）	bìngqiě	moreover, and also	1
播放（动）	bōfàng	to play	23
波浪（名）	bōlàng	wave	25
玻璃（名）	bōli	glass	12
博物馆（名）	bówùguǎn	museum	23
不必（副）	búbì	no need	11
不但（连）	búdàn	not only	7
不断（副）	búduàn	continuously, constantly	13
不论（连）	búlùn	no matter (how, what, etc.)	5
不是……就是……	búshì…jiùshì…	either … or …	9
哺育（动）	bǔyù	to nurture, to foster	28
不过（副、连）	búguò	only, merely; but	1
不仅（连）	bùjǐn	not only	11
不如（动）	bùrú	not as good as	9
不同	bù tóng	not alike, different	1
不再（动）	búzài	no longer, no more	29
不管（连）	bùguǎn	no matter (what, how, etc.)	7
步（名）	bù	step, pace	29
部分（名）	bùfen	part	2

C

材料（名）	cáiliào	material	15
彩带（名）	cǎidài	colored streamer	28
彩虹（名）	cǎihóng	rainbow	28
采用（动）	cǎiyòng	to introduce, to employ	10
操作（动）	cāozuò	to operate	23
测（动）	cè	to survey	21
测量（动）	cèliáng	to survey, to measure	16
层（量）	céng	*a measure word* (for layers)	6

曾经（副）	céngjīng	ever, once	7
插（动）	chā	to insert	8
差别（名）	chābié	difference, distinction	20
差不多（副、形）	chàbuduō	almost, nearly; about the same, similar	6
拆开（动）	chāikāi	to take apart	8
产生（动）	chǎnshēng	to produce	6
长方体（名）	chángfāngtǐ	cuboid	15
场（名）	chǎng	field	16
唱片（名）	chàngpiàn	record, disc	23
超（形）	chāo	ultra-, super-, extra-	30
超导态（名）	chāodǎotài	superconducting state	30
超导体（名）	chāodǎotǐ	superconductor	12
超过（动）	chāoguò	to surpass	19
超级市场（名）	chāojí shìchǎng	supermarket	23
超声波（名）	chāoshēngbō	ultrasonic (wave)	25
潮汐（名）	cháoxī	tide	17
沉（动）	chén	to sink	5
沉淀（名、动）	chéndiàn	precipitation; to precipitate	14
称为（动）	chēngwéi	to be known as, to be called	5
成（动）	chéng	to turn into	1
成分（名）	chéngfèn	composition	20
成功（动、形）	chénggōng	to succeed; successful	30
成熟（形、动）	chéngshú	ripe; mature	26
成像（动）	chéngxiàng	to form an image	27
呈（动）	chéng	to present, to assume	13
乘（动）	chéng	to multiply	8
乘积（名）	chéngjī	product	8
乘以（动）	chéngyǐ	to be multiplied by	8
程度（名）	chéngdù	degree, level	6
橙（形）	chéng	orange	28
炽热（形）	chìrè	red hot, blazing	29
充满（动）	chōngmǎn	to be full of	10

重新（形）	chóngxīn	again	13
抽（动）	chōu	to pump out	6
初（名、形）	chū	the beginning	26
出现（动）	chūxiàn	to appear, to arise	12
除了……以外	chúle…yǐwài	except, besides	15
除以（动）	chúyǐ	to be divided	11
处理（动）	chǔlǐ	to handle, to dispose of	23
处于（动）	chǔyú	to be in a certain condition	30
传播（动）	chuánbō	to propagate	4
传递（动）	chuándì	to transmit	10
传热（动）	chuánrè	to conduct heat	20
传输（动）	chuánshū	to transmit	24
传送（动）	chuánsòng	to convey, to deliver	24
传音（动）	chuányīn	to transmit sound	4
磁场（名）	cíchǎng	magnetic field	16
磁石（名）	císhí	magnet	16
磁体（名）	cítǐ	magnet	16
磁性（名）	cíxìng	magnetism	16
此（代）	cǐ	this	6
次数（名）	cìshù	number of times	26
次序（名）	cìxù	order, sequence	11
从而（连）	cóng'ér	thus, thereby	29
从未（副）	cóngwèi	never	28
粗细（名）	cūxì	(degree of) thickness	11
脆（形）	cuì	fragile	12
存储（动）	cúnchǔ	to memorize, to store	27
存储器（名）	cúnchǔqì	memory, storage	27
存放（动）	cúnfàng	to deposit, to store	27
存在（动、名）	cúnzài	to exist; existence	7

D

达（动）	dá	to reach, to attain	30
答案（名）	dá'àn	answer	8

达到（动）	dádào	to reach, to attain	9
大大（副）	dàdà	greatly	19
大地（名）	dàdì	land	16
大都（副）	dàdū	mostly, chiefly	15
大多数（名）	dàduōshù	great majority, most	13
大量（形）	dàliàng	a large quantity	22
大气（名）	dàqì	atmosphere	6
大小（名）	dàxiǎo	big or small, size	9
大致（副）	dàzhì	approximately, roughly	2
待（动）	dài	to wait	24
代替（动）	dàitì	to replace	19
带有（动）	dàiyǒu	to possess, to contain	26
单纯（形）	dānchún	pure, simple	10
单独（形）	dāndú	alone, by oneself	13
单级（形）	dānjí	single stage	29
单质（名）	dānzhì	simple substance	20
氮（名）	dàn	nitrogen (N)	12
淡（蓝色）（形）	dàn(lánsè)	pale (blue)	14
弹头（名）	dàntóu	warhead	29
当地（名）	dāngdì	local	18
导弹（名）	dǎodàn	guided missile	19
导电（动）	dǎodiàn	to transmit electric current, to conduct electricity	20
导体（名）	dǎotǐ	conductor	20
导线（名）	dǎoxiàn	(conducting) wire	30
倒（动）	dào	to pour	22
到……为止	dào…wéizhǐ	till, until	20
道（量）	dào	*a measure word*	4
到处（名）	dàochù	everywhere	25
到达（动）	dàodá	to get to, to reach	21
到底（副）	dàodǐ	at last, after all	25
道理（名）	dàolǐ	reason	11
……的话（助）	…dehuà	if, suppose, in case	8

得（动）	dé	to get, to obtain	11
得知（动）	dézhī	to get, to know	15
灯泡（名）	dēngpào	bulb	14
登（动）	dēng	to ascend	7
等（助）	děng	and so on, etc.	13
等边（名）	děngbiān	equilateral	11
等腰梯形（名）	děngyāotīxíng	isosceles trapezium	11
等于（动）	děngyú	to be equal to	5
低温（名）	dīwēn	low temperature, hypothermia	12
低压（名）	dīyā	low pressure	10
底（名）	dǐ	bottom	5
底面（名）	dǐmiàn	bottom, base	15
抵消（动）	dǐxiāo	to offset	6
地磁（名）	dìcí	terrestrial magnetism	16
地理（名）	dìlǐ	geography	16
地面（名）	dìmiàn	ground, land surface	17
地球（名）	dìqiú	earth	6
地区（名）	dìqū	region	2
地上	dìshang	the earth's surface, ground	3
地心（名）	dìxīn	the earth's core	6
点火（动）	diǎnhuǒ	to light a fire	29
靛（形）	diàn	indigo	28
电（名）	diàn	electricity	14
电波（名）	diànbō	electric wave	25
电吹风（名）	diànchuīfēng	electric hair dryer	26
电缆（名）	diànlǎn	electric cable	24
电流（名）	diànliú	electric current	12
电能（名）	diànnéng	electric energy	12
电线（名）	diànxiàn	(electric) wire	12
电阻（名）	diànzǔ	resistance	12
吊（动）	diào	to hang	16
掉（动）	diào	*complement of result used after a verb to show the completion of an action*	7

钉子（名）	dīngzi	nail	12
顶点（名）	dǐngdiǎn	vertex	9
钉（动）	dìng	to nail	12
定律（名）	dìnglù	law	5
读（动）	dú	to read	21
读数（名）	dúshù	reading	21
独特（形）	dútè	unique, distinctive	27
堵（动）	dǔ	to block, to shut off	25
度数（名）	dùshù	degree	21
端（名）	duān	end	16
断（动）	duàn	to break, to stop	21
断裂（动）	duànliè	to break, to rend	26
堆（动、名、量）	duī	to heap; stack; *a measure word*	11
堆放（动）	duīfàng	to pile up	11
对（介）	duì	at, for, to	6
对称（形）	duìchèn	symmetry	9
对方（名）	duìfāng	the other side, the other party	24
对象（名）	duìxiàng	object	27
吨（量）	dūn	tonne	10
多边形（名）	duōbiānxíng	polygon	9
多级（形）	duōjí	multistage	29
多媒体（名）	duōméitǐ	multimedia	23

E

而（连）	ér	but, and	5
而且（连）	érqiě	but also	7
耳朵（名）	ěrduo	ear	25
二氧化碳（名）	èryǎnghuàtàn	carbon dioxide (CO_2)	1

F

发电机（名）	fādiànjī	generator	30
发光（动）	fāguāng	to shine, to be luminous	14
发明（动）	fāmíng	to invent	16

发热（动）	fārè	to give out heat, to generate heat	12
发射（动）	fāshè	to launch, to shoot	18
发生（动）	fāshēng	to take place, to happen	14
发现（动）	fāxiàn	to discover, to find out	5
发源地（名）	fāyuándì	place of origin	2
反比（名）	fǎnbǐ	inverse ratio	17
反而（副）	fǎn'ér	on the contrary; instead	22
反复（副）	fǎnfù	repeatedly, again and again	25
反射（动）	fǎnshè	to reflect	4
反应（名、动）	fǎnyìng	reaction; to respond	13
反作用力（名）	fǎnzuòyònglì	reacting force, reaction	29
范围（名）	fànwéi	scope, range	21
方便（形、动）	fāngbiàn	convenient	11
方法（名）	fāngfǎ	method, way	8
方面（名）	fāngmiàn	aspect, respect	16
方式（名）	fāngshì	way, method	14
方向（名）	fāngxiàng	direction	10
防止（动）	fángzhǐ	to prevent	22
放（手）（动）	fàng(shǒu)	to remove (hand)	5
放热（动）	fàngrè	to generate heat; to be exothermic	14
飞溅（动）	fēijiàn	to splash, to spatter	22
飞散（动）	fēisàn	to disperse	3
飞行（动）	fēixíng	to fly	19
非金属（名）	fēijīnshǔ	nonmetal	20
沸腾（动）	fèiténg	to boil	22
分（动）	fēn	to divide, to break up	14
分辨（动）	fēnbiàn	to distinguish	4
分别（副、动）	fēnbié	respectively; to be apart	8
分解（动）	fēnjiě	to resolve, to decompose	1
分开（动）	fēnkāi	to separate, to part	8
分明（形、副）	fēnmíng	clear; clearly	28
分散（动）	fēnsàn	to disperse	14

……分之……	…fēnzhī…	formula for a fraction	7
分子（名）	fēnzǐ	molecule	6
粉（名）	fěn	dust, powder	19
封（动）	fēng	to seal	25
封闭（动）	fēngbì	to be closed	4
蜂巢（名）	fēngcháo	honeycomb	9
蜂蜡（名）	fēnglà	beeswax	9
否则（连）	fǒuzé	otherwise	22
浮（动）	fú	to float	5
浮力（名）	fúlì	buoyancy	5
符合（动）	fúhé	to tally with, to be in keeping with, to fit with	8
辐射（动、名）	fúshè	to radiate; radiation	24
腐蚀（动）	fǔshí	to corrode	19
覆盖（动）	fùgài	to cover	4

G

改（动）	gǎi	to change, to replace	16
改变（动）	gǎibiàn	to change	9
盖（动）	gài	to cover, to build	1
盖儿（名）	gàir	lid, cover, top	1
概括（动）	gàikuò	to summarize	17
干（形）	gān	dry	3
干扰（动、名）	gānrǎo	to interfere; interference	24
感测器（名）	gǎncèqì	sensor	27
感光（动）	gǎnguāng	to sensitize	27
感觉（动、名）	gǎnjué	to feel; feeling	6
缸（名）	gāng	jar	10
钢锭（名）	gāngdìng	steel ingot	10
钢管（名）	gāngguǎn	steel tube	11
高（名）	gāo	height	15
高度（名、形）	gāodù	altitude, height; highly, a high degree of	6
高分子（名）	gāofēnzǐ	macromolecule	13
高喊	gāo hǎn	to shout loudly	4

高空（名）	gāokōng	high altitude, upper air	18
高速（形）	gāosù	high speed	19
高压（名）	gāoyā	high pressure	10
格式（名）	géshì	pattern, format, model	27
镉（名）	gē	cadmium (Cd)	26
个位（名）	gèwèi	unit's place	8
各地（名）	gèdì	various places	2
各式各样	gèshì-gèyàng	all kinds of, various	9
各行各业	gèháng-gèyè	all trades and professions	23
各种（形）	gèzhǒng	all sorts of, all varieties of	10
各种各样	gèzhǒng-gèyàng	all kinds of…, various	20
根（量）	gēn	*a measure word* (for long, thin objects)	11
根据（介）	gēnjù	on the basis of, according to	10
更加（副）	gèngjiā	more, still more	2
公共（形）	gōnggòng	common	9
工具（名）	gōngjù	tool, instrument	16
功能（名）	gōngnéng	function	26
公式（名）	gōngshì	formula	11
工业（名）	gōngyè	industry	12
弓形（名）	gōngxíng	bow shaped	28
公转（动）	gōngzhuàn	to revolve round the sun	18
汞（名）	gǒng	mercury (Hg)	13
构成（动）	gòuchéng	to form, to compose	9
股（量）	gǔ	a burst of, a stream of, *a measure word*	29
固态（名）	gùtài	solid state	13
固体（名）	gùtǐ	solid	12
顾名思义	gùmíng-sīyì	as the name implies, judging by the name	26
关键（名、形）	guānjiàn	hinge, key	14
关系（名、动）	guānxi	relation, bearing; to have a bearing on	3
关心（动）	guānxīn	to be interested in	7
关于（介）	guānyú	about	17
观察（动）	guānchá	to observe, to examine	9

管（名）	guǎn	tube, pipe	21
罐头（名）	guàntou	tin; canned goods	15
光（名）	guāng	light, ray	2
光波（名）	guāngbō	light wave	24
光导纤维（名）	guāngdǎo xiānwéi	optical fiber	24
光度（名）	guāngdù	luminosity	27
光滑（形）	guānghuá	smooth	4
光束（名）	guāngshù	light beam	24
光纤（名）	guāngxiān	optical fiber	24
光源（名）	guāngyuán	light source	24
光泽（名）	guāngzé	gloss	20
广泛（形）	guǎngfàn	extensive, wide	19
硅（名）	guī	silicon (Si)	20
规律（名）	guīlǜ	law, pattern	8
轨道（名）	guǐdào	orbit, track	17
滚动（动）	gǔndòng	to roll	15
果汁（名）	guǒzhī	fruit juice	1
过热（形）	guòrè	superheat	22

H

海洋（名）	hǎiyáng	seas and oceans	7
氦（名）	hài	helium (He)	13
含（动）	hán	to contain	5
寒冷（形）	hánlěng	cold	2
行（名、量）	háng	line, row	13
航海（动、名）	hánghǎi	to navigate; navigation	16
航空（动）	hángkōng	to aviate; aviation	16
航天（动、名）	hángtiān	to fly in outer space; spaceflight	29
航天器（名）	hángtiānqì	space craft, space vehicle	29
毫无（动）	háowú	not in the least, not at all	30
好处（名）	hǎochu	benefit, advantage	9
好像（动）	hǎoxiàng	to seem, to be like	4
合（动）	hé	to join, to combine	6

合并（动）	hébìng	to merge, to amalgamate	4
合金（名）	héjīn	alloy	19
和（名）	hé	sum	8
河流（名）	héliú	rivers	7
横截面积	héngjiémiànjī	cross sectional area	10
轰鸣（动、名）	hōngmíng	to roar; roar	29
后（名）	hòu	later, after	14
后来（名）	hòulái	afterwards, later on	16
厚（形、名）	hòu	thick	6
湖泊（名）	húpō	lakes	7
互联网（名）	hùliánwǎng	the Internet	23
化（动）	huà	to turn into	14
化工（名）	huàgōng	chemical industry	19
化合物（名）	huàhéwù	compound	13
还原（动）	huányuán	to reduce, to restore	20
还原剂（名）	huányuánjì	reducing agent	20
环绕（动）	huánrào	to revolve round	18
灰（形）	huī	grey	20
挥发（动）	huīfā	to volatilize	20
恢复（动）	huīfù	to restore	26
回路（名）	huílù	return circuit	21
回声（名）	huíshēng	echo	4
活塞（名）	huósāi	piston	10
火箭（名）	huǒjiàn	rocket	18
火苗（名）	huǒmiáo	flame	29
获得（动）	huòdé	to get, to attain	2
获取（动）	huòqǔ	to gain, to obtain	27

J

基本（形、副）	jīběn	basic, main; basically, in the main, on the whole	4
基本上（副）	jīběnshàng	basically, in the main, on the whole	4
基础（名）	jīchǔ	foundation	17
几乎（副）	jīhū	nearly, almost	28

机会（名）	jīhuì	chance, opportunity	28
激光（名）	jīguāng	laser	24
及（连）	jí	and	1
即（副）	jí	namely	29
极（副）	jí	extremely, exceedingly	18
即使（连）	jíshǐ	even if	4
极地（名）	jídì	polar region	18
系（动）	jì	to tie, to fasten	25
计数（动）	jìshù	to count	21
计算（动）	jìsuàn	to compute, to calculate	9
季风（名）	jìfēng	monsoon	2
记忆（动、名）	jìyì	to remember, to recall; memory	23
既然（连）	jìrán	since, now that	6
既……也……	jì…yě…	both … and …	7
加（动）	jiā	to add, plus	8
加大（动）	jiādà	to increase	10
加紧（动）	jiājǐn	to intensify, to speed up	30
加强（动）	jiāqiáng	to strengthen, to enhance	4
加热（动）	jiārè	to heat up	13
加入（动）	jiārù	to put in; to mix, to add	19
加温（动）	jiāwēn	to heat	26
加压（动）	jiāyā	to increase in pressure	10
甲（名）	jiǎ	the first, A-grade	4
驾驶（动）	jiàshǐ	to drive, to pilot	25
假如（连）	jiǎrú	if	11
坚硬（形）	jiānyìng	hard, solid	4
间断（动）	jiànduàn	to be disconnected, to be interrupted	28
间隔（名、动）	jiàngé	interval, intermission; to intermit	4
间接（形）	jiànjiē	indirect	28
检测（动）	jiǎncè	to test and examine, to test and measure	24
检测器（名）	jiǎncèqì	detector	24
减轻（动）	jiǎnqīng	to lighten	19

减去（动）	jiǎnqù	to deduct, to minus	11
减少（动）	jiǎnshǎo	to reduce	12
减小（动）	jiǎnxiǎo	to reduce, to decrease	1
简直（副）	jiǎnzhí	simply, just	23
舰艇（名）	jiàntǐng	naval vessels	19
建造（动）	jiànzào	to build, to construct, to make	18
将（介）	jiāng	*a preposition showing disposition, similar to* 把	11
将来（名）	jiānglái	future	26
降低（动）	jiàngdī	to reduce, to lower	2
胶卷（名）	jiāojuǎn	film roll	27
胶片（名）	jiāopiàn	film	27
角（名）	jiǎo	angle	9
搅拌（动）	jiǎobàn	to mix, to stir	14
叫做（动）	jiàozuò	to be called, to be known as	3
较（副）	jiào	comparatively, relatively, fairly	2
教育（名、动）	jiàoyù	education; to teach, to educate	23
阶段（名）	jiēduàn	stage, phase	30
接口（动）	jiēkǒu	to connect	16
接力（动）	jiēlì	to relay	29
接收（动）	jiēshōu	to receive	24
接通（动）	jiētōng	to put through	23
接头（名）	jiētóu	connection	26
揭开（动）	jiēkāi	to reveal, to open	25
接着（动）	jiēzhe	to go on, to carry on	25
结果（名）	jiéguǒ	result, answer	8
截然（副）	jiérán	sharply, entirely	20
节省（动）	jiéshěng	to save	9
解调（动）	jiětiáo	to demodulate	24
解决（动）	jiějué	to solve	7
介于（动）	jièyú	to be situated between	28
介质（名）	jièzhì	medium	24
界限（名）	jièxiàn	limits demarcation	20

金（名）	jīn	gold (Au)	26
金刚石（名）	jīngāngshí	diamond	13
金属（名）	jīnshǔ	metal	13
仅（副）	jǐn	only, merely	30
紧（形）	jǐn	tight	1
紧密（形）	jǐnmì	close, dense	28
尽管（连）	jǐnguǎn	though, in spite of	14
进步（名、形）	jìnbù	advance, progress; progressive, advanced	27
进入（动）	jìnrù	to enter, to get into	10
进一步（副）	jìnyíbù	further	15
经（动）	jīng	to pass through	21
经过（动、名）	jīngguò	to pass, to go through; process	7
惊奇（形）	jīngqí	surprised, amazed	23
晶体（名）	jīngtǐ	crystal	9
精确（形）	jīngquè	accurate, precise	21
景物（名）	jǐngwù	scenery	27
镜头（名）	jìngtóu	camera lens	27
静止（动）	jìngzhǐ	static, motionless	18
酒精（名）	jiǔjīng	alcohol	21
旧式（形）	jiùshì	old type	16
就是（连）	jiùshì	even if, even	18
局部（名）	júbù	part	22
举（例子）（动）	jǔ(lìzi)	to give (examples)	14
距（动）	jù	to be apart, to be at a distance	6
聚变（动、名）	jùbiàn	to fuse; fusion	28
巨大（形）	jùdà	huge, tremendous	10
聚合（动、名）	jùhé	to polymerize; polymerization	28
聚集（动）	jùjí	to gather, to collect	13
距离（名、动）	jùlí	distance; to be apart from	4
剧烈（形）	jùliè	violent	22
具有（动）	jùyǒu	to have	14
觉察（动）	juéchá	to sense, to detect	3

绝对（形、副）	juéduì	absolute; absolutely	20
绝对零度（名）	juéduì língdù	absolute zero	30
绝缘体（名）	juéyuántǐ	insulator	20
军事（名）	jūnshì	military affair	16
均匀（形）	jūnyún	even, well-distributed	21

K

开发（动）	kāifā	to develop, to open up, to exploit	26
开放（动）	kāifàng	to be open	7
开关（名）	kāiguān	switch, button	21
开辟（动）	kāipì	to set up, to start	30
看成（动）	kànchéng	to consider as	10
抗干扰	kànggānrǎo	anti-interference	24
考虑（动）	kǎolù	to consider	15
靠近（动）	kàojìn	to be near	2
科技（名）	kējì	science and technology	17
科学家（名）	kēxuéjiā	scientist	7
可（能愿）	kě	can, may	29
可见（连）	kějiàn	it is obvious that	13
刻度（名）	kèdù	graduation	21
克服（动）	kèfú	to overcome	18
空间（名）	kōngjiān	space	7
空气（名）	kōngqì	air	3
空隙（名）	kòngxì	gap	9
空心（形）	kōngxīn	hollow	6
空中（名）	kōngzhōng	in the sky	3
控制（动）	kòngzhì	to control	21
块（量）	kuài	piece	5
快慢（名）	kuàimàn	speed	3
快门（名）	kuàimén	(camera) shutter	27
宽（形）	kuān	wide	24
亏损（动）	kuīsǔn	to lose	28
扩散（动）	kuòsàn	to diffuse, to proliferate	22

L

拉（动）	lā	to pull (open)	6
蜡烛（名）	làzhú	candle	14
来源（动、名）	láiyuán	to originate; source, origin	10
来自（动）	láizì	to come from	28
蓝天（名）	lántiān	blue sky	29
浪费（动）	làngfèi	to waste, to squander	12
雷达（名）	léidá	radar	25
雷雨（名）	léiyǔ	thunderstorm	28
类似（形）	lèisì	similar	30
类推（动）	lèituī	to analogize	29
冷却（动）	lěngquè	to cool	12
厘米（量）	límǐ	centimetre	6
离开（动）	líkāi	to be away from	7
力（名）	lì	force	5
立方体（名）	lìfāngtǐ	cube	15
厉害（形）	lìhai	terrible	19
利用（动）	lìyòng	to use, to exploit	8
例如（动）	lìrú	for instance, for example	8
例子（名）	lìzi	example	14
粒子（名）	lìzǐ	particle	14
连（介）	lián	even	26
连接（动）	liánjiē	to join, to link	29
连通（动）	liántōng	to connect	10
连线（名）	liánxiàn	connecting line	17
良导体（名）	liángdǎotǐ	good conductor	20
两极（名）	liǎngjí	North and South Poles	18
晾（动）	liàng	to hang out to dry, to air	3
量（名）	liàng	quantity, amount	5
列车（名）	lièchē	train	30
临界（形）	línjiè	critical	30
铃（名）	líng	bell	25

零件（名）	língjiàn	spare part, workpiece	10
灵敏（形）	língmǐn	sensitive	16
灵敏度（名）	língmǐndù	sensitivity	16
领域（名）	lǐngyù	field, domain	17
令（动）	lìng	to make, to cause	23
另外（形、副）	lìngwài	other; besides	3
留（动）	liú	to remain, to stay	8
流动（动）	liúdòng	to flow, to pass through	30
流经（动）	liújīng	to pass through	30
琉璃瓦（名）	liúliwǎ	glazed tile	4
硫酸（名）	liúsuān	sulphuric acid (H_2SO_4)	22
流入（动）	liúrù	to flow into	10
流体（名）	liútǐ	fluid	5
六边形（名）	liùbiānxíng	hexagon	9
铝（名）	lǚ	aluminium (Al)	19
乱（副、形）	luàn	in confusion, in disorder	25
轮廓（名）	lúnkuò	outline	27
落（动）	luò	to fall, to drop	3

Ⓜ

迈向（动）	màixiàng	to make a step	29
满（形）	mǎn	full	9
漫游（动）	mànyóu	to roam, to wander	23
冒（动）	mào	to emit, to send out	1
枚（量）	méi	*a measure word*	29
媒介（名）	méijiè	medium, intermediate	27
美观（形）	měiguān	beautiful, pleasing to the eye	11
美丽（形）	měilì	beautiful	27
美术（名）	měishù	the fine arts, art	9
美术砖（名）	měishùzhuān	decorative tile	9
门（名、量）	mén	division; *a measure word*	24
蒙（动）	méng	to blindfold	25
密闭（动）	mìbì	to be hermetic, to be airtight	10

密度（名）	mìdù	density	5
蜜蜂（名）	mìfēng	honeybee	9
密集（形、动）	mìjí	dense, close; to be concentrated	6
面（名）	miàn	surface	5
面积（名）	miànjī	area	3
秒（名）	miǎo	second	18
明确（动）	míngquè	to make clear and definite	20
明显（形）	míngxiǎn	clear, obvious	28
摩擦（动）	mócā	to rub	16
模拟（动）	mónǐ	to imitate, to simulate; analogue	24
某（代）	mǒu	certain, some	20
目标（名）	mùbiāo	objective, target	29
目前（名）	mùqián	at present	26
木头（名）	mùtou	log, timber	5

N

那么（代）	nàme	so	2
那么（连）	nàme	then	8
耐（动）	nài	to be able to bear or endure	19
南半球（名）	nánbànqiú	the Southern Hemisphere	2
南方（名）	nánfāng	the southern part of a country	2
难以（动）	nányǐ	to be difficult	29
内部（名）	nèibù	inside	27
内径（名）	nèijìng	internal diameter	21
能够（能愿）	nénggòu	can, to be able to	8
能量（名）	néngliàng	energy	13
能源（名）	néngyuán	sources of energy	12
年代（名）	niándài	age, era	26
镍（名）	niè	nickel (Ni)	26
凝结（动）	níngjié	to condense	3
浓（形）	nóng	concentrated, thick	22
弄（动）	nòng	to do, to get, to manage, to handle	25

P

拍摄（动）	pāishè	to take (a picture)	27
排（动）	pái	to arrange, to put in order	13
排开（动）	páikāi	to drain off	5
排列（动）	páiliè	to arrange	28
排气口（名）	páiqìkǒu	exhaust vent	29
判断（动）	pànduàn	to judge, to decide	14
抛弃（动）	pāoqì	to abandon	29
泡（名）	pào	bubble	21
配合（动）	pèihé	to coordinate	27
喷（动）	pēn	to spurt, to gush	29
膨胀（动）	péngzhàng	to expand	21
碰（动）	pèng	to bump	15
皮肤（名）	pífū	skin	22
疲劳（形）	píláo	fatigue	26
匹（量）	pǐ	*a measure word* (for horses, etc)	6
偏折（动）	piānzhé	to deflect	28
漂浮（动）	piāofú	to float	5
飘移（动）	piāoyí	to drift	7
拼（动）	pīn	to put together	9
频带（名）	píndài	frequency band	24
频率（名）	pínlǜ	frequency	6
品种（名）	pǐnzhǒng	variety, assortment	26
平常（名、形）	píngcháng	nomal occurrence; common, ordinary	3
平方（名）	píngfāng	square	6
平均（动）	píngjūn	to average	2
平面（名）	píngmiàn	plane	9
瓶口（名）	píngkǒu	the mouth of a bottle	1
瓶子（名）	píngzi	bottle	15
破（动、形）	pò	to break; broken	10
铺（地）（动）	pū(dì)	to pave (floor)	9
普遍（形）	pǔbiàn	universal, general, common	2

| 普通（形） | pǔtōng | ordinary, general | 27 |

Q

其（代）	qí	its	16
奇迹（名）	qíjì	miracle, marvel	9
奇妙（形）	qímiào	marvellous	4
其实（副）	qíshí	in fact	12
其他（代）	qítā	others, the other	14
其中（名）	qízhōng	among (which, them, etc.), in (which, it, etc.)	20
启示（动、名）	qǐshì	to enlighten; enlightenment	25
企图（动、名）	qǐtú	to try, to attempt; attempt	30
起……作用	qǐ...zuòyòng	to serve as	18
器壁（名）	qìbì	beaker wall	22
器件（名）	qìjiàn	device, instrument	24
气泡（名）	qìpào	bubble	1
汽水（名）	qìshuǐ	soda water, soft drink	1
气态（名）	qìtài	gaseous state	13
气体（名）	qìtǐ	gas	3
气象（名）	qìxiàng	meteorological phenomenon	18
汽油（名）	qìyóu	gasoline, petrol	14
前（副）	qián	ago, before	16
前人（名）	qiánrén	predecessor	17
强（形）	qiáng	strong, powerful	7
强大（形）	qiángdà	powerful	29
强度（名）	qiángdù	intensity, strength	19
墙面（名）	qiángmiàn	the surface of a wall	4
窃听（动）	qiètīng	to eavesdrop	24
轻（形）	qīng	light	5
氢弹（名）	qīngdàn	hydrogen bomb	28
青睐（动）	qīnglài	to favor	27
求（动）	qiú	to evaluate, to find	8
球形（名）	qiúxíng	globulous	15

区别（名、动）	qūbié	distinction, difference; to distinguish, to differentiate	13
区分（动）	qūfēn	to distinguish, to differentiate	14
取决（动）	qǔjué	to be decided by, to depend on	28
圈（名）	quān	circle, ring	18
全部（形）	quánbù	whole, all	7
却（副）	què	but, yet, however	13
群（名、量）	qún	crowd, group; *a measure word*	4

R

然后（名）	ránhòu	then, after that	1
燃料（名）	ránliào	fuel	19
燃烧（动）	ránshāo	to burn	14
绕（动）	rào	to go round	18
热核反应	rèhé fǎnyìng	thermonuclear reaction	28
热量（名）	rèliàng	quantity of heat	1
热敏电阻	rèmǐn diànzǔ	thermal resistor	21
热容量（名）	rèróngliàng	heat capacity	21
热胀冷缩	rèzhàng lěngsuō	expand when hot and contract wnen cold	21
人类（名）	rénlèi	mankind, humanity	18
人造（形）	rénzào	man-made	18
任何（形）	rènhé	any, whatever	5
认为（动）	rènwéi	to think, to consider	12
任务（名）	rènwu	task, assignment	23
仍旧（副）	réngjiù	remain the same, still	11
日益（副）	rìyì	increasingly, day by day	19
熔点（名）	róngdiǎn	melting point	19
熔合（动）	rónghé	to fuse	19
熔化（动）	rónghuà	to melt	14
容积（名）	róngjǐ	volume	15
溶解（动）	róngjiě	to dissolve	1
容器（名）	róngqì	vessel	10
溶液（名）	róngyè	solution	22

容易（形）	róngyì	easy	3
如（动）	rú	such as, as	12
如果（连）	rúguǒ	if, supposing that	3
如何（代）	rúhé	how, what	11
如今（名）	rújīn	nowadays, now	30
如图……所示	rútú…suǒshì	as indicated by ..., as ...	16
入（动）	rù	to enter	1
弱（形）	ruò	weak	7

S

三角形（名）	sānjiǎoxíng	triangle	9
散漫（动）	sǎnmàn	to disperse	4
散失（动）	sànshī	to dissipate	22
色彩（名）	sècǎi	color	27
色带（名）	sèdài	colored belt	28
色光（名）	sèguāng	colored light	28
山谷（名）	shāngǔ	mountain valley	4
善于（动）	shànyú	to be good at	20
伤（动、名）	shāng	to hurt; wound	22
上端（名）	shàng duān	top	4
上空（名）	shàngkōng	in the sky	18
上升（动）	shàngshēng	to go up	21
上述（形）	shàngshù	above-mentioned	10
烧（动）	shāo	to burn	22
烧杯（名）	shāobēi	beaker	22
稍加（副）	shāojiā	a little, a bit, slightly	8
稍微（副）	shāowēi	a little, a bit, slightly	2
勺子（名）	sháozi	ladle, spoon	16
少量（形）	shǎoliàng	a small amount	22
设备（名）	shèbèi	equipment, installation	24
摄取（动）	shèqǔ	to take a photograph	27
摄氏（名）	shèshì	celsius, centigrade	2
什么样（代）	shénmeyàng	what	15

神奇（形）	shénqí	magical, miraculous	23
甚至（连）	shènzhì	so far as to; even	19
声波（名）	shēngbō	sound wave	4
生存（动）	shēngcún	to exist, to survive, to live	7
升高（动）	shēnggāo	to go up	2
升降机（名）	shēngjiàngjī	elevator, lift	10
生命（名）	shēngmìng	life	7
生物（名）	shēngwù	living thing	7
生锈（动）	shēngxiù	to get rusty	14
声学（名）	shēngxué	acoustics	4
生长（动）	shēngzhǎng	to grow	28
声音（名）	shēngyīn	sound	4
声源（名）	shēngyuán	sound source	4
绳子（名）	shéngzi	cord	25
省力	shěng lì	to save effort	23
省时	shěng shí	to save time	23
湿度（名）	shīdù	humidity	6
失去（动）	shīqù	to lose	20
石墨（名）	shímò	graphite	13
时速（名）	shísù	speed per hour	30
实际（名、形）	shíjì	reality, practice; practical	17
十位（名）	shíwèi	ten's place	8
实现（动）	shíxiàn	to realize, to bring about	12
实验（动、名）	shíyàn	to test; experiment	6
实验室（名）	shíyànshì	laboratory	12
实用（动）	shíyòng	practical	15
使（动）	shǐ	to make	1
使用（动）	shǐyòng	to use	15
使者（名）	shǐzhě	emissary	29
适当（形）	shìdàng	suitable, proper	26
是否（副）	shìfǒu	whether or not, if	14
事故（名）	shìgù	accident	22

势能（名）	shìnéng	potential energy	17
世纪（名）	shìjì	century	26
式（子）（名）	shì(zi)	formula	11
试验（动）	shìyàn	to test; trial	25
室温（名）	shìwēn	room temperature	30
适应（动）	shìyìng	to suit, to adapt, to fit	23
适用（动）	shìyòng	to apply to, to be suitable for	17
收缩（动）	shōusuō	to contract	21
手（名）	shǒu	hand	5
首次（数）	shǒucì	first, for the first time	26
首先（副）	shǒuxiān	first	11
受（动）	shòu	to be affected	3
受到（动）	shòudào	to be subjected to, to suffer	5
输电（动）	shūdiàn	to transmit electricity	12
输入（动）	shūrù	to import, to input	23
熟（形）	shú	ripe	17
熟练（形）	shúliàn	skilled, skilful	23
属于（动）	shǔyú	to belong to, to be part of	17
数（名）	shù	number	8
数据（名）	shùjù	data	24
数量（名）	shùliàng	quantity	11
数码（名）	shùmǎ	digital	27
数字（名）	shùzì	numeral	8
拴（动）	shuān	to tie, to fasten	5
水滴（名）	shuǐdī	drop of water	3
水压机（名）	shuǐyājī	hydraulic press	10
水银（名）	shuǐyín	mercury, quicksilver	12
水蒸气（名）	shuǐzhēngqì	steam	3
丝（名）	sī	wire, thread	24
四周（名）	sìzhōu	on all sides	22
速度（名）	sùdù	velocity, speed	13
塑料（名）	sùliào	plastic	13

速算（名、动）	sùsuàn	quick method of calculation; calculate in a quick way	8
算（动）	suàn	to calculate, to solve	11
虽然（连）	suīrán	though, although	13
随（动）	suí	to follow, to accompany	21
随意（副）	suíyì	at will, as one pleases	5
损耗（动）	sǔnhào	to lose, to wear out	12
损失（动）	sǔnshī	to lose	12
所（助）	suǒ	*a structural particle*	5
所谓（形）	suǒwèi	so-called	24
所以（连）	suǒyǐ	therefore, as a result	3

T

它（代）	tā	it	1
太空（名）	tàikōng	outer space	29
太阳（名）	tàiyáng	sun	2
太阳系（名）	tàiyángxì	the solar system	17
钛（名）	tài	titanium (Ti)	19
碳（名）	tàn	carbon (C)	20
探测（动）	tàncè	to survey, to explore	24
探路（动）	tànlù	to find a path	25
探索（动）	tànsuǒ	to explore, to probe	7
讨论（动）	tǎolùn	to discuss	15
特别（形）	tèbié	especially	19
特点（名）	tèdiǎn	distinguishing feature	2
特殊（形）	tèshū	special	20
特性（名）	tèxìng	specific characteristic	16
锑（名）	tī	antimony (Sb)	20
题（名）	tí	problem	8
提高（动）	tígāo	to raise	12
体积（名）	tǐjī	volume	5
替代（动）	tìdài	to substitute for	16
调整（动）	tiáozhěng	to regulate, to adjust	26

调制（动）	tiáozhì	to modulate	24
天空（名）	tiānkōng	sky	28
天上	tiānshang	the sky	3
天体（名）	tiāntǐ	celestial body	17
天文学家（名）	tiānwénxuéjiā	astronomer	9
天线（名）	tiānxiàn	aerial, antenna	25
添加（动）	tiānjiā	to add, to increase	26
条件（名）	tiáojiàn	condition	7
铁（名）	tiě	iron (Fe)	5
铁块	tiěkuài	lump of iron	5
铁片（名）	tiěpiàn	very thin steel plate	16
铁针（名）	tiězhēn	steel needle	16
停（动）	tíng	to stop	13
通（动）	tōng	to open	21
通常（形）	tōngcháng	usually, ordinarily	18
通电（动）	tōngdiàn	to be electrified	14
通过（动、介）	tōngguò	to pass through; by, through, by way of	12
通信（动）	tōngxìn	to correspond	18
通讯（动、名）	tōngxùn	to communicate; communication	24
同步（形）	tóngbù	synchronism	18
同时（名、副）	tóngshí	at the same time	22
同样（形）	tóngyàng	same	6
桶（名）	tǒng	drum	15
头（名、量）	tóu	head; *a measure word*	16
头发（名）	tóufa	hair	24
涂（动）	tú	to apply, to smear	27
图像（名）	túxiàng	picture, image	27
推力（名）	tuīlì	thrust	29
推算（动）	tuīsuàn	to calculate	11
托（动）	tuō	to hold up	5

| 外层（名） | wàicéng | outer | 9 |

外界（名）	wàijiè	outside	24
外壳（名）	wàiké	outer casing, shell	26
完毕（动）	wánbì	to finish, to complete	29
完成（动）	wánchéng	to complete	23
完全（形）	wánquán	complete, fully	18
万物（名）	wànwù	everything in the world, all things in the universe	17
万有引力（名）	wànyǒuyǐnlì	(universal) gravitation	17
网络（名）	wǎngluò	network	23
网页（名）	wǎngyè	webpage	23
网友（名）	wǎngyǒu	Internet friend	23
往往（副）	wǎngwǎng	often, frequently, usually	15
危险（形）	wēixiǎn	dangerous	22
微粒（名）	wēilì	corpuscle	13
微小（形）	wēixiǎo	small	14
为（动）	wéi	to be, to mean	3
围墙（名）	wéiqiáng	enclosing wall	4
围绕（动）	wéirào	to revolve around	17
为止（动）	wéizhǐ	up to, until	7
尾部（名）	wěibù	tail	29
纬度（名）	wěidù	latitude	18
位（名）	wèi	place, figure, digit	8
卫星（名）	wèixīng	satellite	18
位置（名）	wèizhi	position, place	6
温度（名）	wēndù	temperature	3
温度计（名）	wēndùjì	thermometer	12
文件（名）	wénjiàn	document	27
文章（名）	wénzhāng	essay, article	23
文字（名）	wénzì	character	23
稳（形）	wěn	steady	15
稳定（形）	wěndìng	stable, steady	19
屋子（名）	wūzi	room	3
无（副）	wú	not, without	12

无法（动）	wúfǎ	unable, incapable	4
无论（连）	wúlùn	no matter what (how, who)	11
无色	wúsè	colorless	14
无线电波（名）	wúxiàn diànbō	radio wave	25
无需（动）	wúxū	need not, not have to	29
五边形（名）	wǔbiānxíng	pentagon	9
物态（名）	wùtài	physical state	30
物体（名）	wùtǐ	body, object	5
物质（名）	wùzhì	substance	9

X

吸（动）	xī	to attract	6
稀释（动）	xīshì	to dilute	22
吸收（动）	xīshōu	to suck up, to absorb	1
吸引（动）	xīyǐn	to attract	4
吸引力（引力）（名）	xīyǐnlì(yǐnlì)	gravitation, attraction	6
稀有（形）	xīyǒu	rare	13
细（形）	xì	thin, fine	19
系列（名）	xìliè	series, set	26
系统（名）	xìtǒng	system	16
下列（形）	xiàliè	following	11
下面（名）	xiàmiàn	below, the following	8
鲜亮（形）	xiānliang	bright	28
纤维（名）	xiānwéi	fiber	24
显然（形）	xiǎnrán	obvious, evident	8
显示（动）	xiǎnshì	to show, to display	21
显示器（名）	xiǎnshìqì	monitor	21
显著（形）	xiǎnzhù	notable, obvious	21
线（名）	xiàn	thread	5
现代（名）	xiàndài	modern	23
现象（名）	xiànxiàng	appearance	3
限制（动）	xiànzhì	to confine, to limit	27
相（副）	xiāng	each other	30

相比（动）	xiāngbǐ	to compare	30
相差（动）	xiāngchà	to differ	2
相乘（动）	xiāngchéng	to multiply	8
相当（动、形、副）	xiāngdāng	to be equivalent to; suitable; quite	2
相反（形）	xiāngfǎn	contrary	2
相关（动）	xiāngguān	to be interrelated	28
相互（形）	xiānghù	each other, mutual	17
相同（形）	xiāngtóng	the same	8
相信（动）	xiāngxìn	to believe in, to be convinced of	26
相应（动、形）	xiāngyìng	to correspond; corresponding, relevant	24
响（动）	xiǎng	to sound, to ring	25
响应（动）	xiǎngyìng	to respond, to answer	21
向心力（名）	xiàngxīnlì	centripetal force	18
像（动）	xiàng	to be like	12
消耗（动）	xiāohào	to consume, to expend	28
消失（动）	xiāoshī	to disappear	12
小声	xiǎo shēng	low voice	4
效果（名）	xiàoguǒ	effect, result	4
效应（名）	xiàoyìng	effect	26
携带（动）	xiédài	to carry; to take along	24
写字板（名）	xiězìbǎn	writing pad	23
心脏（名）	xīnzàng	heart	27
新兴（形）	xīnxīng	new and developing	24
新型（形）	xīnxíng	new type	19
信号（名）	xìnhào	signal	24
信息（名）	xìnxī	information, news	17
兴奋（形）	xīngfèn	to be excited	9
星球（名）	xīngqiú	celestial body, star	17
形成（动）	xíngchéng	to form	1
形式（名）	xíngshì	form, shape	17
形态（名）	xíngtài	form, state, shape	14
行星（名）	xíngxīng	planet	17

形状（名）	xíngzhuàng	shape	9
性能（名）	xìngnéng	property, quality	19
性质（名）	xìngzhì	quality, characteristic	8
修补（动）	xiūbǔ	to mend, to repair	27
修改（动）	xiūgǎi	to revise, to modify	23
修饰（动）	xiūshì	to decorate, to adorn	27
需要（动）	xūyào	to need	18
许多（形）	xǔduō	many, much, a lot of	9
悬（动）	xuán	to suspend	5
悬浮（动）	xuánfú	to suspend	28
旋转（动）	xuánzhuǎn	to turn, to revolve, to rotate	9
选用（动）	xuǎnyòng	to select, to choose	18
雪花（名）	xuěhuā	snowflake	9
寻找（动）	xúnzhǎo	to seek, to look for	30
迅速（形）	xùnsù	speedy, quick	8

Y

压（动）	yā	to press	1
压力（名）	yālì	pressure	1
压强（名）	yāqiáng	intensity of pressure, pressure	10
压缩（动）	yāsuō	to compress	10
压缩机（名）	yāsuōjī	compressor	10
盐（名）	yán	salt	5
眼睛（名）	yǎnjing	eye	13
研究（动）	yánjiū	to research, to study	7
盐酸（名）	yánsuān	hydrochloric acid (HCl)	13
延展性（名）	yánzhǎnxìng	ductility	20
沿着（介）	yánzhe	along	22
研制（动）	yánzhì	to research and produce	21
严重（形）	yánzhòng	severe, serious	22
阳光（名）	yángguāng	sunlight, sunshine	2
氧（名）	yǎng	oxygen (O)	12
氧化（动）	yǎnghuà	oxidize	20

氧化汞（名）	yǎnghuàgǒng	mercury oxide (HgO)	13
氧化物（名）	yǎnghuàwù	oxide	14
要求（动、名）	yāoqiú	to require; requirement	9
遥远（形）	yáoyuǎn	distant, remote	28
要是（连）	yàoshi	if	8
也许（副）	yěxǔ	perhaps, probably	30
夜里（名）	yèli	nighttime	25
液晶（名）	yèjīng	liquid crystal	21
液态（名）	yètài	liquid state	13
液体（名）	yètǐ	liquid	3
一……就……	yī…jiù…	as soon as	14
一般（形）	yìbān	ordinary, same	18
一边……一边……	yìbiān…yìbiān…	at the same time, simultaneously	22
一旦（副）	yídàn	once; in case	26
一切（形、代）	yíqiè	every, all	18
一体（名）	yìtǐ	an organic whole	27
一样（形）	yíyàng	same, as … as …	12
一直（副）	yìzhí	till	7
一致（形、副）	yízhì	consistent; in accordance with	18
依此（副）	yīcǐ	in the proper order, successively	29
依此类推	yīcǐ-lèituī	and so on and so forth	29
依次（副）	yīcì	successively, in the proper order	28
依靠（动）	yīkào	to rely, to depend on	29
依赖（动）	yīlài	to rely on, to be dependent on	29
仪器（名）	yíqì	instrument	21
乙（名）	yǐ	the second, B-grade	4
已（副）	yǐ	already	7
以（介）	yǐ	with, by	18
以……为……	yǐ…wéi…	to take... as...	15
以免（连）	yǐmiǎn	so as not to, in order to avoid	22
以下（名）	yǐxià	under, below	2
亿（数）	yì	a hundred million	13

易（形）	yì	easy	20
意识（名）	yìshí	consciousness, ideology	26
意外（形、名）	yìwài	unexpected; accident	30
因此（连）	yīncǐ	therefore, for this reason	5
因而（连）	yīn'ér	thus	6
因素（名）	yīnsù	factor	15
音速（名）	yīnsù	the velocity of sound	19
因为（连）	yīnwèi	because	5
银白色（形）	yínbáisè	silvery	20
引起（动）	yǐnqǐ	to cause	22
应用（动、形）	yìngyòng	to apply; applied	17
应有尽有	yīngyǒu-jìnyǒu	to have everything that one expects to find	23
荧光屏（名）	yíngguāngpíng	fluorescent screen	25
影碟（名）	yǐngdié	DVD	23
影响（名、动）	yǐngxiǎng	effect; to affect	6
影像（名）	yǐngxiàng	image, portrait	27
拥有（动）	yōngyǒu	to possess, to have, to own	24
永远（副）	yǒngyuǎn	forever	18
用处（名）	yòngchu	use	12
用来（动）	yònglái	to use, to apply, to employ	19
用途（名）	yòngtú	use	26
优点（名）	yōudiǎn	merit, advantage	24
优势（名）	yōushì	superiority	27
优异（形）	yōuyì	excellent, outstanding	19
优越（形）	yōuyuè	superior, advantageous	27
由（介）	yóu	from	6
游乐园（名）	yóulèyuán	amusement park	23
油路管（名）	yóulùguǎn	oil pipe	26
由于（连、介）	yóuyú	owing to, as a result of, due to	6
有关（动）	yǒuguān	to have something to do with, to relate to	17
有时（副）	yǒushí	sometimes	11
有效（形）	yǒuxiào	effective, useful	24

有用（形）	yǒuyòng	useful, helpful	29
于是（连）	yúshì	thereupon	16
宇宙（名）	yǔzhòu	universe, cosmos	7
宇宙飞船（名）	yǔzhòu fēichuán	spaceship	19
预测（动）	yùcè	to calculate, to forecast	30
预定（动）	yùdìng	to fix in advance, to predetermine	29
誉为（动）	yùwéi	to praise, to hail as	26
元件（名）	yuánjiàn	element, component	16
原来（副、形）	yuánlái	it turns out that … , as a matter of fact; original; formerly, originally	3
原理（名）	yuánlǐ	principle	10
原料（名）	yuánliào	raw material	1
元素（名）	yuánsù	element	19
原始（形）	yuánshǐ	original	27
圆筒（名）	yuántǒng	cylinder	10
原位（名）	yuánwèi	original position	8
圆形（名）	yuánxíng	round, circular	4
原因（名）	yuányīn	cause, reason	2
圆柱形（名）	yuánzhùxíng	cylinder	15
原状（名）	yuánzhuàng	original state	26
圆周（名）	yuánzhōu	circumference	18
原子（名）	yuánzǐ	atom	13
原子核（名）	yuánzǐhé	atomic nucleus	28
远处（名）	yuǎnchù	distant place	23
远离（动）	yuǎnlí	far away from	18
月球（名）	yuèqiú	moon	7
越……越……	yuè…yuè…	the more … the more …	3
匀速（形）	yúnsù	uniform	18
运算（动）	yùnsuàn	to calculate	21
运行（动）	yùnxíng	to move, to revolve	18
运用（动）	yùnyòng	to use, to apply	10
运载（动）	yùnzài	to carry, to deliver	18
运转（动）	yùnzhuǎn	to revolve	17

Z

则（连）	zé	however, then	20
怎样（代）	zěnyàng	how	1
增大（动）	zēngdà	to increase, to add	10
崭新（形）	zhǎnxīn	brand-new, completely new	30
障碍物（名）	zhàng'àiwù	obstacle	4
照射（动）	zhàoshè	to shine	7
折射（动、名）	zhéshè	to refract; refraction	28
侦察（动）	zhēnchá	to reconnoiter	18
震动（动）	zhèndòng	to shake	30
阵雨（名）	zhènyǔ	shower	28
蒸发（动、名）	zhēngfā	to evaporate; evaporation	3
整齐（形）	zhěngqí	in good order, tidy, regular	11
正（六边形）	zhèng(liùbiānxíng)	regular (hexagon)	9
正比（名）	zhèngbǐ	direct ratio	17
正方形（名）	zhèngfāngxíng	square	9
证明（动、名）	zhèngmíng	to prove; certificate	25
之后（名）	zhīhòu	later, after	26
之间（名）	zhījiān	among, between	13
直到（动）	zhídào	until, up to	29
直接（形）	zhíjiē	direct, immediate	13
直径（名）	zhíjìng	diameter	15
直流（名）	zhíliú	direct current	30
直射（动）	zhí shè	to directly shine	2
只是（连、副）	zhǐshì	but; only	11
只要（连）	zhǐyào	so long as, provided that	8
只有（连）	zhǐyǒu	only	9
指（动）	zhǐ	to indicate, to point at	16
指令（名、动）	zhǐlìng	directive; to order, to direct	23
指南针（名）	zhǐnánzhēn	compass	16
指示（动、名）	zhǐshì	to indicate, to point out	16
至（动）	zhì	to, till, until	19

至今（副）	zhìjīn	up to now	24
制（动）	zhì	to make	10
制导（动）	zhìdǎo	to control and guide	29
制作（动）	zhìzuò	to make	15
质量（名）	zhìliàng	mass, quality	7
钟头（名）	zhōngtóu	hour	25
种类（名）	zhǒnglèi	kind, variety	14
重力（名）	zhònglì	gravity	17
重量（名）	zhòngliàng	weight	5
周长（名）	zhōucháng	perimeter, girth, circumference	9
周期（名）	zhōuqī	period, cycle	18
周围（名）	zhōuwéi	surrounding environment, vicinity	3
轴（名）	zhóu	axis	9
昼夜（名）	zhòuyè	day and night	7
逐渐（副）	zhújiàn	gradually, step by step	2
主缸（名）	zhǔgāng	master cylinder	10
助燃（动）	zhùrán	combustion supporting	28
砖（名）	zhuān	tile, brick	9
转变（动）	zhuǎnbiàn	to change, to transform	24
转化（动）	zhuǎnhuà	to transform, to change	17
转换（动）	zhuǎnhuàn	to shift, to change	21
转动（动）	zhuàndòng	to turn round	16
装（动）	zhuāng	to install, to erect	25
装（动）	zhuāng	to put in	1
装置（名）	zhuāngzhì	installation, equipment	18
撞（动）	zhuàng	to bump against	25
撞击（动）	zhuàngjī	to strike, to dash against	6
状态（名）	zhuàngtài	state, situation	14
准确（形）	zhǔnquè	accurate, exact	21
灼热（形）	zhuórè	scorching hot	7
资源（名）	zīyuán	resource	18
自动（形）	zìdòng	automatic	23

自然（名、形、副）	zìrán	nature; natural; naturally	9
自然界（名）	zìránjiè	natural world	17
自身（代）	zìshēn	oneself	17
自由（形）	zìyóu	free	16
自转（动）	zìzhuàn	rotation	18
综合（动、形）	zōnghé	to synthesize; comprehensive	19
总（形、副）	zǒng	general, total	10
总结（动、名）	zǒngjié	to sum up; summary	17
总是（副）	zǒngshì	always	16
总数（名）	zǒngshù	total, sum total	11
足够（形）	zúgòu	enough	4
组成（动）	zǔchéng	to compose, to consist of	13
组合（动）	zǔhé	to compose, to constitute	13
阻力（名）	zǔlì	resistance, drag	30
阻止（动）	zǔzhǐ	to prevent, to stop	4
做（动）	zuò	to do, to make	6
作为（动）	zuòwéi	to regard as, to take for	19
作用（动、名）	zuòyòng	to act on; function	6
作用力（名）	zuòyònglì	action	29

专 名

A

| 阿基米德 | Ājīmǐdé | Archimedes | 5 |
| 奥兰德 | Àolándé | Olander | 26 |

B

| 北极（名） | Běijí | the North Pole | 16 |

G

| 广州 | Guǎngzhōu | Guangzhou | 2 |

H

哈尔滨	Hā'ěrbīn	Harbin	2
荷兰	Hélán	the Netherlands	30
回音壁	Huíyīnbì	the Echo Wall	4

语法索引 Grammar Index

责任编辑：杨　晗
英文编辑：韩芙芸
封面设计：古涧文化
印刷监制：佟汉冬

图书在版编目（CIP）数据

基础科技汉语教程·听说课本(上)：汉英对照 ／ 杜厚文
编著. — 北京：华语教学出版社，2011
　　ISBN 978-7-5138-0089-1

　　Ⅰ . ①基… Ⅱ . ①杜… Ⅲ . ①科学技术－汉语－听说
教学－对外汉语教学－教材 Ⅳ . ①H195.4

　　中国版本图书馆CIP数据核字 (2011) 第141090号

基础科技汉语教程·听说课本 (上)

杜厚文　编著
＊
©华语教学出版社
华语教学出版社出版
（中国北京百万庄大街24号　邮政编码100037）
电话: (86)10-68320585, 68997826
传真: (86)10-68997826, 68326333
网址：www.sinolingua.com.cn
电子信箱：hyjx@sinolingua.com.cn
北京市松源印刷有限公司印刷
2012年（16开）第1版
ISBN 978-7-5138-0089-1
定价：68.00元